ARCHIVES COMMUNALES DE NEVERS.

DROITS
ET
PRIVILÉGES
DE LA
COMMUNE DE NEVERS

PAR

M. HENRI CROUZET

PROFESSEUR D'HISTOIRE AU COLLÉGE DE NEVERS,

Conservateur des Archives communales, Délégué du Conseil départemental de l'Instruction publique pour les écoles de la ville, Officier d'Académie, Membre titulaire de la Société Nivernaise des sciences, lettres et arts, etc.

PUBLICATION DE LA SOCIÉTÉ NIVERNAISE.

1re SÉRIE

NEVERS
IMPRIMERIE DE I.-M. FAY, RUE DES ARDILLIERS.
HÔTEL DE LA FERTÉ.

1858

DROITS
ET
PRIVILÉGES
DE LA
COMMUNE DE NEVERS.

INTRODUCTION.

Dans son *Inventaire historique des titres de la ville de Nevers*, Parmentier n'a fait qu'indiquer ou analyser sommairement les principaux documents qui se trouvent dans nos archives communales. Je me propose, sous les auspices et avec les lumières de la Société archéologique, de les publier successivement *in extenso*, et d'y ajouter ceux qui, volontairement ou involontairement, ont échappé aux investigations du savant Procureur général de la Cour des comptes du Nivernais.

Ces documents sont très-remarquables par leur nombre et par leur valeur historique; ils nous aideront puissamment dans la recherches de la véritable origine de notre commune, et seront d'une grande utilité pour la nouvelle *Histoire du Nivernais*, que la Société étudie en ce moment et qu'elle se propose de publier dans la suite[1].

Cette première série renferme trois parties, et peut être considérée comme l'appendice de l'histoire du droit municipal de la commune de Nevers, que je ferai paraître dans le courant de l'année prochaine ; et si j'ai voulu que l'appendice précédât l'ouvrage, contrairement aux usages reçus, c'est que j'ai pensé que la Société archéologique et les savants à qui je l'adresserai, ayant sous les yeux les matériaux dont je dois me servir, voudront bien m'éclairer de leurs lumières, et me guider de leurs conseils dans une étude si difficile et dont on comprend aujourd'hui toute l'importance.

La première partie renferme une discussion entre le comte et les bourgeois de Nevers, au sujet d'une élection d'échevins qui eut lieu en 1717, et où sont discutés contradictoirement leurs droits et

---

[1] M. de Magnitot, préfet de la Nièvre, dans la séance du 3 août 1854, qu'il présidait lui-même, proposa de nouvelles études sur l'histoire du Nivernais. La Société tout entière s'associa au vœu de M. de Magnitot, qui développa aussitôt son plan avec cette haute intelligence et cette sagacité de vues qu'on lui connaît. (*Voir* le tome II du *Bulletin*, page 12.)

leurs priviléges respectifs. C'est le développement d'un travail que j'ai lu dans une séance de la Société.

La deuxième contient le cartulaire raisonné de la commune.

Dans la troisième, enfin, je publie quelques documents rares et précieux, inédits pour la plupart, et dont la valeur historique m'a paru incontestable.

Dans la publication de toutes ces pièces, je me suis fait un devoir de reproduire scrupuleusement l'orthographe des manuscrits, surtout pour les documents écrits dans notre langue, afin de leur conserver cette physionomie particulière qui est comme leur cachet distinctif.

ARCHIVES COMMUNALES DE NEVERS.

DES

DROITS ET PRIVILÉGES

RESPECTIFS

DES

SEIGNEURS ET DES BOURGEOIS

DE NEVERS.

S. Exc. le Ministre de l'intérieur réclamait depuis longtemps, avec instances, l'inventaire et un nouveau classement de nos archives municipales. M. le Maire voulant se conformer à ces pressantes sollicitations, et assurer la conservation d'un ensemble de monuments très-précieux pour la commune, m'a confié l'exécution de ce travail. Cette mission purement gratuite, je l'ai acceptée avec empressement, et je me suis promis d'en remplir tous les devoirs, dans l'étendue de mes forces. Il me semblait que je pourrais peut-être, au milieu de cette noble poussière des siècles passés, trouver quelque chose digne de la Société à laquelle j'ai l'honneur d'appartenir, et lui payer ainsi mon faible tribut.

Je me suis donc mis à l'œuvre avec une vive ardeur, plein de foi dans le résultat de mes recherches; et, certes, le besoin était pressant. Dans les déménagements successifs des archives, les hommes de peine préposés à ce travail, ayant jeté pêle-mêle tous les papiers dans des sacs pour arriver plus vite à leur fin, ont opéré le mélange le plus bizarre que l'on puisse imaginer. Ceci est, certes, un mal qui a détruit en un clin-d'œil le classement commencé à plusieurs reprises par des hommes de talent, et qu'on aurait pu facilement terminer; mais c'est un mal qu'avec du temps et beaucoup de patience l'on peut réparer. Ce qui est plus triste et presque irréparable, c'est d'avoir laissé exposés, pendant des années, à l'humidité du sol et même aux ravages de la pluie, des chartes, des papiers importants, qui sont devenus méconnaissables pour la plupart, et dont certains sont en partie pourris ou rongés par les rats [1]. Je me suis empressé de recueillir avec respect ces vénérables débris, en attendant que je puisse tenter, s'il est possible, de rétablir le texte de quelques-uns ou d'en deviner le sens.

Là, ce semble, doit se borner le travail de l'archiviste; mais ma qualité de Professeur d'histoire et de Membre d'une Société savante m'impose d'autres devoirs; et mon but ne serait qu'imparfaitement atteint, si après les avoir classées

[1] Cet état de choses ne peut être imputé qu'à l'incurie des agents subalternes de la mairie. M. Desveaux, maire actuel, dont tous les Nivernais apprécient le zèle, le dévouement et l'intelligence, en a été profondément affligé. Tous ceux qui le connaissent, sont convaincus qu'il ne reculera devant aucun sacrifice pour assurer la conservation de nos archives communales.

et numérotées, je laissais enfouies dans des cartons les richesses archéologiques de notre commune. Mon intention est de retirer successivement de la poussière, où ils dorment depuis des siècles, les documents précieux et intéressants pour l'histoire du pays, qui se trouvent en grand nombre dans nos archives.

Aujourd'hui, j'ai à donner communication d'un fait historique, qui est passé presque inaperçu pour la plupart de nos annalistes [1], mais dont la portée me paraît avoir une valeur incontestable pour notre histoire locale ; c'est une discussion qui s'est élevée en 1717, entre les habitants de la commune de Nevers et leur seigneur, au sujet de leurs droits et priviléges respectifs.

Louis XIV, pour achever l'œuvre de centralisation commencée par Richelieu, et ôter tout contrôle à son gouvernement absolu, voulut dépouiller la bourgeoisie de ses quelques priviléges qui avaient survécu à la féodalité. Par un édit, en date du mois d'août 1692, il créa des maires perpétuels, à *titre d'offices,* dans chaque ville du

---

[1] Parmentier a eu connaissance de ce procès ; il en parle dans son *Inventaire historique des archives,* tome I, page 48. Mais il est très-sobre de détails. Ami du comte, il était intéressé à passer rapidement sur un fait qui n'était pas en l'honneur ou du moins à l'avantage de son bienfaiteur.

M. Delaroche l'a relaté dans l'*Annuaire de* 1849. Malgré le travail consciencieux de mon savant collègue et ami, et même de son avis, j'ai cru devoir donner *in extenso* ce procès dont il n'a présenté qu'une analyse. Du reste, le fait en lui-même me préoccupe fort peu : le procès de 1717, en tant que procès, n'a qu'une importance secondaire. Ce sont ses conséquences pour l'histoire politique de notre commune qui me paraissent on ne peut plus intéressantes et d'une grande portée historique.

royaume, à l'exception des villes de Paris et de Lyon, qu'on avait intérêt à ménager. Mais à peine Louis XIV fut-il mort, qu'une réaction violente éclata contre son système ; et la régence, pour se populariser, rendit au pays quelques-unes de ses franchises, et rétablit provisoirement les droits des villes et de la bourgeoisie. Un édit, en date de 1717, supprima les offices de maires, et ordonna qu'à l'avenir les élections des officiers municipaux se feraient en la même forme qu'avant la création des offices supprimés, c'est-à-dire que ces charges redeviendraient électives.

En conséquence, et suivant l'ancien usage, le dimanche avant la saint Michel, 26 septembre, les habitants de la ville se rassemblèrent par quartiers pour l'élection des conseillers municipaux. Conformément à la charte de Guy de Forest, comte de Nevers, et de la comtesse Mathilde, son épouse, en date de 1231, les quatre quartiers de Loire, de Nièvre, du Croux et de la Barre, élurent chacun six conseillers [1].

[1] CONSEILLERS DE VILLE
DE L'ÉLECTION DU 26 SEPTEMBRE 1717.
(*Extrait du registre des délibérations de l'Hôtel-de-Ville, 1712-1718, folio 144.*)

QUARTIER DE NIÈVRE.
De Saint-Clinier, curé de Saint-Victor,
Gautier,
Faure,
Jaubert,
Archambaud,
Callot.

QUARTIER DE LA BARRE.
Chambrun,
Goussot,

Syrot,
Vincent, curé de Saint-Étienne,
Boiret,
Vincent de Marcé.

QUARTIER DE LOIRE.
Sallonnyer du Perron,
Chastellain,
Guiller,
Flaman, curé de Saint-Jean,

De Villars du Chaumont,
Barleuf.

QUARTIER DU CROUX.
Le prieur de Saint-Martin,
Prisye.
Rousset,
Moreau,
Duplessis,
Baptiste Sabatiny,

Les conseillers municipaux ainsi élus au nombre de vingt-quatre, procédèrent le soir du même jour à l'élection des quatre échevins. Le corps de ville avait déjà demandé par lettre au duc ses ordres à ce sujet; cependant les conseillers électeurs ne tinrent aucun compte des propositions de leur seigneur [1], et ne comprirent dans leur élection aucun de ses candidats [2]. Indigné de cette conduite, le comte de Nevers cassa, par ordonnance du 4 octobre, toutes les élections, convoqua à jour fixe une nouvelle assemblée pour une autre élection de conseillers, chassa de l'hôtel-de-ville les échevins élus, fit même arrêter et conduire en prison l'un d'entre eux; et nomma lui-même les quatre échevins.

[1] Voici la lettre du comte de Nevers :

« AU CORPS DE VILLE DE NEVERS.
 » 20 septembre 1717.

» Comme vous avés eu l'honnêteté, Messieurs, de me demander mes ordres,
» suivant l'ancien usage, sur le choix des Échevins, qui doivent entrer en exer-
» cice, j'ai jeté les yeux sur trois personnes, qui vous seront sans doute agréables,
» étant tous trois, gens d'honneur et de probité, suivant le rapport qui m'en a
» été fait. Ayés donc pour agréable de nommer le sieur de Villars Du Chaumont,
» bourgeois, et le sieur Moisy, le jeune, notaire et procureur, pour premier et
» second Échevins, pour un an seulement; et pour le troisième, le sieur Follereau,
» marchand, et le quatrième, celui qu'il vous plaira pour deux années. Au surplus,
» je suis persuadé que vous me donnerés à l'avenir des marques de votre atta-
» chement; et de mon côté je chercherai les occasions de vous procurer tous les
» soulagements possibles, et suis, Messieurs, votre très-humble serviteur.
 » MAZARINI-MANCINI. »

Ce Mazarini-Mancini était Jules-François, père du duc de Nivernois. Il était fils de Philippe-Julien Mancini, successeur de Mazarin, au duché de Nevers. Quoique duc de Nevers depuis 1707, on ne l'appelait alors que M. le Comte, parce qu'il n'était point encore reçu duc et pair.

[2] Au lieu des candidats proposés par le comte, on élut pour échevins : les sieurs Marandat, *marchand de quincaille*; Fiacre Millaud, procureur en l'élection; Nicot, maître particulier des eaux et forêts, et Dubois, notaire. C'est ce dernier qui, comme le plus récalcitrant, fut conduit en prison par l'ordre du comte, où il resta depuis le 23 octobre jusqu'au 11 novembre.

Dans cette circonstance les bourgeois de Nevers prirent chaudement le parti de leurs élus, et déférèrent devant le conseil du roi cette ordonnance de leur seigneur, qu'ils attaquèrent comme un abus de pouvoir. C'est ce qui donna lieu à un procès en régle, soutenu de part et d'autre avec un égal acharnement, et dont l'issue fut favorable aux bourgeois [1].

Ce procès paraît au premier coup d'œil n'avoir qu'une importance secondaire, même pour nous; il a cependant une portée immense pour l'histoire de notre pays, puisqu'il contient l'examen critique et raisonné des droits et priviléges communaux, ou du moins les matériaux propres à constituer une véritable histoire de la commune de Nevers. Les uns et les autres, en effet, le Comte comme les bourgeois, pour soutenir leurs prétentions respectives, ont dû, non-seulement exhumer toutes les chartes, les lettres-patentes, les ordonnances, les procès-verbaux, les lettres explicatives et confirmatives, mais encore en discuter le sens, chacun à son point de vue. Cette discussion contradictoire jette un vif éclat sur les droits et les priviléges de la bourgeoisie nivernaise; c'est un véritable plaidoyer sur le droit municipal de la commune. Narrateur impartial, ma seule prétention est de présenter les arguments des uns et des autres avec les pièces à l'appui, et les chartes qui servent de base à la discussion.

---

[1] Nous avons exposé ces faits *brièvement*, d'abord, parce qu'on en trouvera le développement dans la discussion même avec les plus petits détails, et puis parce qu'ils sont pour nous d'une importance secondaire; ils ne nous intéressent qu'autant qu'ils serviront à nous montrer les droits et les priviléges de la commune.

Mais là ne doit pas s'arrêter notre travail. Grâce aux immenses travaux et aux grandes découvertes des Guizot, des Sismondi, des Thierry, des Raynouard, la science historique a fait de grands progrès depuis le commencement de notre siècle. L'horizon de l'histoire s'est considérablement étendu, et des choses que nos pères ne pouvaient comprendre, sont devenues facilement saisissables pour nous. Avec les données de la science moderne, et les matériaux qui nous seront fournis par la discussion de nos anciens priviléges, nous pourrons facilement deviner la véritable origine de notre commune [1] et en constituer l'histoire critique et raisonnée. Ce travail est digne d'occuper les nobles loisirs de la Société archéologique de Nevers. Eclairé de ses lumières, je pourrai, comme complément nécessaire de cette publication, entreprendre un travail qui aura d'autant plus de mérite, qu'il appartiendra tout entier à la Société, et dont je ne saurai revendiquer que la forme.

---

[1] La commune de Nevers ne s'est pas formée par l'insurrection. Est-ce une ville de bourgeoisie ? ou bien encore est-ce une ville municipale romaine qui a conservé à travers l'invasion et pendant le moyen-âge ses droits et ses franchises ? C'est une question que je me propose de traiter plus tard au sein de la Société, mais que je ne veux soumettre à sa discussion que lorsque chacun de nous aura en main les matériaux que j'édite aujourd'hui. Peut-être pourrait-on appliquer à la ville de Nevers les mêmes arguments que M. Raynouard emploie pour prouver la persistance du droit municipal romain dans la ville de Bourges ?

Pour jeter plus de lumière sur l'ensemble de ce travail, et faire converger les faits vers le but que je me suis proposé, il fallait grouper tous les documents épars çà et là, et les présenter avec ordre. Voici le plan que je suis :

J'extrais d'abord des registres de l'hôtel-de-ville l'ordonnance du Comte, en date du 4 octobre 1717, qui casse et annule la nomination des conseillers et des échevins, et des registres de la sous-intendance de la généralité les protestations de ces derniers, formulées dans un procès-verbal en date du 10 octobre. Il m'a semblé que renfermant en elles-mêmes la cause et les motifs du procès, ces pièces devaient figurer naturellement avant toute discussion.

L'ordonnance du Comte ayant été déférée par les bourgeois au conseil du roi, celui-ci s'est vu obligé de fournir des explications à l'appui de cet acte qualifié d'abus : il a fallu qu'il prouvât ses titres et ses droits, d'après les chartes constitutives et confirmatives, et d'après les lettres-patentes des rois ; qu'il expliquât les usages constamment suivis dans les élections des conseillers et des échevins; qu'il exposât les plaintes auxquelles ces élections avaient donné lieu, pour justifier ainsi sa conduite aux yeux du conseil chargé de prononcer, au nom du roi, sur la validité de son ordonnance. Le Comte a envoyé à ce sujet au conseil différentes pièces justificatives, que je réunis dans la première section, sous le titre de : *Justification auprès du conseil du roi de l'ordonnance de cassation.*

Ces différentes pièces furent naturellement communiquées aux conseillers et échevins. Ceux-ci s'empressèrent de repousser les prétentions du Comte, et essayèrent de montrer le véritable sens des chartes et des lettres-patentes qu'il avait produites, et de parler de celles qu'il avait omises à dessein. Dans un mémoire adressé au roi, ils réfutèrent l'une après l'autre les allégations de leur seigneur. Ce mémoire existe dans son entier; j'en fais l'objet de la deuxième section.

Le conseil du roi se crut suffisamment éclairé, et le roi par un arrêt, en date du 9 novembre 1717, cassa et annula l'ordonnance du Comte, et confirma les élections du 26 septembre. Le Comte en fut profondément affligé, mais il ne perdit pas tout espoir. Sous le prétexte des intérêts de Sa Majesté, et pour la conservation de ses anciens droits et priviléges, il crut devoir remontrer non-seulement que ces élections étaient vicieuses par le fond et par la forme, mais encore qu'elles avaient été faites par cabale, et qu'elles blessaient l'ordre public et la subordination que les particuliers doivent avoir pour leur seigneur. Il envoya à ce sujet au roi et à son conseil une foule de pièces justificatives et explicatives que je groupe dans la troisième section, sous le titre de : *Réplique du Comte de Nevers.*

Les bourgeois ne restèrent pas en arrière, et dans un nouveau mémoire, que je donne à la quatrième section, sous le titre de : *Réplique des conseillers et échevins,* ils s'efforcent de prouver leur respect pour Sa Majesté et même pour leur seigneur, et montrent la parfaite régularité et le bon ordre de l'élection du 26 septembre. Ce mémoire contient une discussion assez curieuse sur le véritable sens de la charte de 1231, en réponse aux interprétations du Comte.

Enfin, sous le titre de : *Preuves*, je publie toutes les chartes, les lettres-patentes, les pièces justificatives ou explicatives, dont il est parlé dans les quatre sections, et qui ont servi de base à la discussion. Cette dernière partie formera le cartulaire complet de la commune de Nevers. Quelques-unes de ces pièces ont été déjà publiées dans des recueils ou mémoires; mais beaucoup sont inédites. Il m'a paru très-opportun de saisir cette occasion pour les grouper toutes ici; je pourrai ainsi en sauver plusieurs qui ne sont presque aujourd'hui que des lambeaux.

PROCÈS

ENTRE

LE COMTE ET LES BOURGEOIS DE NEVERS,

A L'OCCASION DE L'ÉLECTION DE 1717.

ORDONNANCE DU COMTE DE NEVERS[1],

PORTANT CASSATION DE LA NOMINATION DES ÉCHEVINS ET CONSEILLERS DE LA VILLE DE NEVERS, DU 4 OCTOBRE 1717.

Nous, Jules-François Mazarini-Mancini, héritier substitué au duché et pairie du Nivernois et Donziois, gouverneur et lieutenant-général pour le roi de la province du Nivernois, ancien ressort et enclave de Saint-Pierre-le-Moûtier, grand d'Espagne du premier ordre, prince de Vergagne et du Saint-Empire, sur les plaintes qui nous ont été faites qu'au préjudice du droit ancien, que nous avons en nos dites qua-

[1] Extrait des registres de l'hôtel-de-ville et communauté de Nevers. (Registre coté Z, commencé le 24 septembre 1712, folios 56 et suivants.)

lités, de donner notre nomination de sujets capables de remplir les charges d'échevins dans la ville de Nevers, que les précédents vingt-quatre conseillers de ville, peu instruits de nos droits, par un pur esprit de cabale, se sont donné la liberté de rejeter la nomination que nous avions faite de bons et notables habitants pour remplir lesdites charges, et d'en nommer d'autres de leur autorité privée, qui ne sont pas même de la qualité requise par les réglements faits sur cette matière, et sur l'opposition formée par le chapitre de ladite ville, tant à l'élection des vingt-quatre conseillers qu'à l'assemblée qui s'est tenue le 26 septembre dernier, dans laquelle les nommés Marandat, marchand, Millaud, procureur en l'élection, ont été nommés premiers échevins, Nicot, maître particulier des eaux et forêts royales, et Dubois, notaire, pour troisième et quatrième échevins ; ne pouvant souffrir une désobéissance formelle, si contraire à nos droits, ni souffrir qu'on contrevienne au réglement de ladite ville de Nevers, ni aux anciens statuts qui portent qu'il sera toujours nommé deux chanoines de Nevers pour conseillers de ville, et que le surplus sera choisi dans le nombre des habitants, ce qui fait une exclusion par rapport aux autres ecclésiastiques ou curés, et que pour exclure lesdits chanoines des droits qui leur appartiennent, on a affecté de nommer pour remplir leurs places plusieurs curés de ladite ville ; pour remédier à tant d'abus, et maintenir les anciens droits et usages, et pourvoir au service de Sa Majesté, Nous faisant droit sur lesdites plaintes et oppositions, nous ordonnons que les réglements anciens seront exécutés selon leur forme et teneur ; et en conséquence, Nous avons cassé et annulé les élections faites des vingt-quatre conseillers de ville, comme aussi nous avons cassé et annulé l'acte d'assemblée du 26 septembre dernier, tenue dans l'hôtel-de-ville ; et attendu qu'il s'agit du service du roi, Nous avons nommé pour premier échevin, messire Jacques de Villars du Chaumont, notable bourgeois ; pour deuxième échevin, messire Moisy le jeune, procureur au bailliage de Nevers, pour exercer pendant un an ; pour troisième et quatrième échevins, le sieur Dollet de Solières, avocat, et Jacques Follereau, marchand ; Faisons défense auxdits Marandat, Millaud, Nicot et Dubois, échevins, nommés par ledit acte du 26 septembre dernier, de s'immiscer dans les fonctions et titres de ladite nomination, sous peine de désobéissance et de prison pour un mois, comme aussi Nous ordonnons auxdits échevins par nous nommés, de procéder le dimanche d'après l'enregistrement de notre présente ordonnance à l'élection des vingt-quatre conseillers de ville, et d'y faire nommer dans le quartier de Loire, deux chanoines, sans qu'il puisse être pris et choisi un plus grand nombre de chanoines ni d'autres curés ou ecclésiastiques, à peine de nullité de leurs élections, et auxdits échevins de recevoir les serments desdits conseillers avant que de pouvoir faire aucunes fonctions ; Enjoignons au procureur du roi de l'hôtel-de-ville de faire faire toutes publications à ce nécessaires, et de tenir la main à l'enregistrement de notre présente ordonnance. Mandons à tous nos officiers et à ceux de notre gouvernement de faire exécuter notre présente ordonnance.

Fait en notre hôtel, à Paris, le 4 octobre 1717.

MAZARINI-MANCINI.

Cette ordonnance de cassation fut expédiée aux échevins par le greffier de l'hôtel-de-ville. Dubois, l'un d'eux, qui avait eu le courage de faire enregistrer et de signer lui-même, au bas de l'acte, une protestation en règle, s'empressa de convoquer les conseillers dans la salle ordinaire de leurs séances, pour leur en donner lecture, et s'entendre sur les moyens à prendre dans cette conjoncture. Mais l'ordre avait été donné, par les agents du Comte, aux gardes de la ville, de ne laisser entrer personne dans l'hôtel; et cet ordre fut exécuté ponctuellement, malgré les protestations de l'échevin Dubois et des conseillers présents. Ceux-ci, après une longue et vaine attente, prirent le parti de se réunir chez l'un d'entre eux, le curé de Saint-Victor, où, après une sérieuse discussion, à laquelle prit part le premier échevin Marandat, qui était venu se joindre à eux, ils rédigèrent d'un commun accord un procès-verbal de protestation, par lequel ils déféraient au conseil du roi l'ordonnance du Comte de Nevers.

Voici ce procès-verbal, que j'extrais du registre de la sous-intendance de la généralité de Moulins, au département de Nevers, enregistré par le sieur Prisye, subdélégué.

PROCÈS-VERBAL.

DES ÉCHEVINS ET CONSEILLERS

AU SUJET DE LEUR EXPULSION

PAR SUITE DE L'ORDONNANCE DU COMTE DE NEVERS, EN DATE

DU 4 OCTOBRE 1717.

Cejourd'hui dimanche, dixième octobre mil sept cent dix-sept, nous, Pierre Dubois, notaire royal, échevin de la ville de Nevers, ensuite de la convocation que nous avons faite des vingt-quatre conseillers de ville, nous étant rendu à la porte de la maison de ville pour entrer en la salle ordinaire du conseil et y attendre lesdits conseillers, nous aurions trouvé la principale porte d'entrée gardée par le nommé Laurent et autres gardes de monseigneur le Comte de Nevers, qui nous en auraient refusé l'entrée, nous disant qu'ils avaient ordre du sieur de Rouvroy, leur capitaine, de ne nous point laisser entrer dans la maison de ville; et peu de temps après, seraient venus à la convocation plusieurs des conseillers de ville, et ayant attendu jusqu'à l'heure de trois et plus dans la rue de l'Hôtel-de-Ville, au-devant de la principale porte, s'y sont trouvés les conseillers de la ville soussignés, les autres étant absents, avec lesquels nous étant de rechef présentés pour entrer dans la maison de ville pour leur communiquer l'ordonnance de monseigneur le Comte de Nevers, du 4 de ce mois, enregistrée cejourd'hui, suivant l'acte à nous Dubois expédié par Callot, greffier de ville, nous aurions trouvé les nommés Fougnot, Tallas, Tront et plusieurs autres gardes de mondit seigneur, avec leurs bandoulières et épées, gardant les portes dudit hôtel-de-ville, lesquels ayant été, par nous et lesdits conseillers de ville, sommés de nous laisser la libre entrée dudit hôtel-de-ville, ils nous l'auraient refusée ; les ayant enquis par quel ordre ils gardaient lesdites portes et nous refusaient l'entrée, ils nous ont répondu et à nous conseillers qu'ils exécutaient les ordres du sieur de Rouvroy, leur capitaine, qui leur avait enjoint de ne nous point laisser entrer, que nous n'avions qu'à nous retirer, que nous n'insistions pas : ce qu'ils nous ont répété plusieurs fois ; au moyen de quoi nous nous sommes retirés dans la maison du sieur de Saint-Clinier, prêtre, curé de Saint-Victor, l'un de nous, conseiller de ville, où étant, lecture nous a été faite de l'expédition de l'ordonnance de monseigneur le Comte de Nevers, du 4 de ce mois, de l'acte d'enregistrement d'icelle de cejourd'hui, et des protestations faites par nous Dubois, échevin, étant au bas [1] ; et, après avoir conféré entre nous sur le sujet de ladite ordonnance, nous avons jugé qu'il était à propos, sans sortir du respect dû à mondit seigneur le Comte de Nevers, dont la religion a été sans doute surprise par des gens malintentionnés au bien public, de faire opposition à l'exécution de ladite ordonnance portant cassation de la nomination faite par les habitants de nous vingt-quatre conseillers de ville, le 26 septembre dernier, avant midi, et de l'élection

[1] L'acte d'ordonnance du Comte a été enregistré par le greffier de ville, folio 147, avec les signatures Alixand Demaux et Moquot d'Agnon ; immédiatement après, dans le même registre, suit la protestation signée Dubois.

à la pluralité des voix par nous faite des quatre échevins, après midi, ledit jour, ladite ordonnance portant aussi nomination de quatre autres échevins, avec ordre auxdits échevins derniers nommés d'élire, dimanche prochain, 17 de ce mois, vingt-quatre conseillers de ville en notre lieu et place, sous des prétextes sans fondement.

Les moyens de notre opposition résultent de ce que ladite ordonnance et l'acte d'enregistrement d'icelle sont nuls, parce que le roi s'est réservé à lui seul et à son conseil la connaissance des contestations dans les élections; l'enregistrement est également nul, ayant été requis et ordonné par le même sieur Alixand, procureur au domaine de mondit seigneur Comte, ledit Alixand n'ayant point de caractère pour ce faire.

En second lieu, il a été procédé, le 26 septembre dernier, à notre nomination et à celle des échevins suivant l'ancien usage établi par les édits de Sa Majesté du mois de juin, la déclaration du 17 juillet et l'arrêt du conseil du 28 août dernier, en la présence du sieur Prisye, subdélégué de monsieur l'intendant, lesquels échevins ont prêté serment de fidélité solennellement à l'audience du bailliage, et ont depuis jusqu'à ce jour fait leurs fonctions.

Par ledit arrêt du conseil, ainsi que par les édits et déclarations, les suffrages des habitants ont dû être libres, de manière que l'élection qui a été faite est dans les règles conformes à l'usage de plusieurs siècles, suivant qu'il résulte des anciens registres de l'hôtel-de-ville et de l'*Histoire du Nivernois*, par le judicieux Coquille.

Monseigneur le Comte de Nevers doute si peu du droit qu'ont les habitants de se choisir vingt-quatre conseillers de ville, qui ont seuls pouvoir d'élire les quatre échevins et les autres officiers municipaux, qu'il fit honneur d'écrire, le 10 août dernier, une lettre qui a été pareillement enregistrée le 16 du même mois, dans laquelle il s'est servi de ces termes : *Ce que je demande n'ôte point aux habitants le droit qu'ils ont toujours eu de nommer quatre échevins* [1]. En sorte que nous, conseillers de ville, aurions prévariqué, si nous ne nous étions pas conformés aux édits, déclarations de Sa Majesté et arrêts de son conseil, qui rétablissent les villes dans leurs anciens priviléges et usages ; et nous n'estimons pas que Monseigneur, mieux informé, n'approuve ce qui a été par nous fait, attendu son attache inviolable pour faire exécuter les ordres de Sa Majesté dans l'étendue de son gouvernement ; nous sommes même persuadés qu'il blâmera ceux dont les actes sont si contraires au bien public, à la paix, à la tranquillité et à

---

[1] Cette pièce se trouve dans le même registre, 1717-1718, folio 135, verso. L'enregistrement porte les signatures d'Avrillon de Saint-Baudière, Coquelin, Prisye Dechazelle, Pinet de Mantelet, Jaubert, Flamen Dassigny, Moquot d'Agnon. Cette lettre ne contient de remarquable que la citation indiquée dans le procès-verbal. La voici du reste dans son entier :

« A MESSIEURS LES MAIRE, LIEUTENANT DE MAIRE, ET ÉCHEVINS
» DE LA VILLE DE NEVERS.

» Paris, le 10 août 1717.

» Je crois, Messieurs, que vous savés l'édit de suppression des charges de
» l'hôtel-de-ville. Cet édit ne peut jamais comprendre les fonctions qui sont
» créées par lettres-patentes ; c'est ce qui m'a engagé de vous prévenir pour
» observer les arrests du conseil, qu'il doit y avoir à ce sujet une assemblée de
» ville pour discuter les choses contradictoires. Ce que je demande n'oste point
» aux habitants le droit qu'ils ont toujours eu de nommer quatre échevins ; mon

la bonne administration de la ville, qu'il désire rendre florissante.

On ignore que les chanoines de l'église de Nevers aient aucun droit ni titre particulier pour en établir deux d'entre eux pour conseillers-nés; car, dans toutes les élections des vingt-quatre conseillers de ville, les habitants ont toujours eu la liberté de se choisir pour conseillers dans le clergé séculier ceux qu'ils ont jugés à propos d'entre MM. les Chanoines et Curés, ayant nulle obligation de le faire.

L'élection des échevins faite par l'acte du 26 septembre dernier, en présence du subdélégué commis par l'arrêt du conseil du 28 août, est conforme aux anciens réglements. Les sieurs Marandat et Millaud ont été conservés pour un an, afin de rétablir l'ancien usage; et il y avait de la justice à prendre ce parti, attendu que tous les officiers en titre de l'hôtel-de-ville étaient supprimés, et que lesdits Marandat

» unique objet est de conserver la paix et la tranquillité publique. Je ne doute
» point que ceux qui seront nommés, ne se conforment à mes instructions.
» Je suis, Messieurs, votre très-humble serviteur.

» NEVERS. »

J'ai déjà cité et je citerai encore dans le cours de cette publication beaucoup de noms propres. Comme quelques personnes pourraient s'étonner de la manière dont je les orthographie, je sens le besoin de déclarer une fois pour toutes que je ne fais ici que de la science, et que j'ai collationné moi-même avec le plus grand soin tous ces noms sur les signatures des personnages dont il est question, ainsi qu'on peut s'en convaincre par les registres de l'hôtel-de-ville, que je me ferai un plaisir et un devoir de montrer aux intéressés. Du reste, cela ne peut rien prouver contre les prétentions de ceux qui, portant aujourd'hui les mêmes noms, leur donnent une physionomie plus ou moins aristocratique. Plusieurs familles n'ont reçu que plus tard des lettres de noblesse; quelques-unes même n'ont été anoblies que dans une seule branche. Je me propose, du reste, de publier l'arbre généalogique des principales familles anciennes, quand je m'occuperai, dans une prochaine publication, de la noblesse du Nivernais.

et Millaud étaient instruits des affaires de la commune. Marandat est officier de bourgeoisie et un des meilleurs marchands, et Millaud est ancien procureur de l'élection; les maire, échevins et officiers de ville les avaient eux-mêmes nommés un an auparavant. Le conseil a ensuite jeté les yeux sur le sieur Nicot, premier officier de la maîtrise royale des eaux et forêts, connu pour homme de probité, riche d'ailleurs, exempt des impositions et point à charge à la ville; pour les mêmes raisons, le sieur Dubois, qui n'a point d'enfant ni de famille à favoriser, a été accepté. Tous les deux ont été élus pour deux ans, et sont très-solvables pour répondre de la levée des impôts.

Les sujets nommés par monseigneur le Comte sont au contraire de moindre qualité et ont de grosses familles à pourvoir. Le nommé Follereau, un de ceux qu'il a choisis, était, il y a peu d'années, maître cordonnier de profession; il a épousé la veuve d'un marchand épicier, et est actuellement fermier des receveurs des octrois de cette ville. Si sa nomination subsistait, il deviendrait ordonnateur et payeur : ce qui en prouve l'incompatibilité; en sorte que l'élection du 26 septembre est judicieuse, et non faite par cabale, comme on le prétend ; et ce qui le confirme davantage, c'est que le sieur de Villars du Chaumont, l'un des vingt-quatre conseillers de ville du quartier de Loire, qui est nommé échevin par monseigneur le Comte dans son ordonnance, a donné également sa voix, comme tous les autres conseillers, aux mêmes échevins élus par l'acte du 26 septembre.

Dont et de tout ce que dessus nous avons dressé le présent procès-verbal, au refus que nous ont fait plusieurs notaires royaux par nous requis de nous assister et donner acte de nos présentes protestations et de notre formelle intention de nous pourvoir pardevant Sa Majesté et Nosseigneurs de son conseil, en conformité de ses édits, déclarations et adresses; et donnons pouvoir au sieur Antoine Faure, l'un de nous, de déposer le présent en mains de tel notaire que bon lui semblera; même de le faire signifier, si besoin est, à qui il appartiendra, sans qu'il soit besoin d'autres plus amples pouvoirs.

Et à l'instant est intervenu M. Charles Marandat, premier échevin, nommé par l'acte du 26 septembre dernier; lequel, sur l'avis qu'il a eu qu'on nous avait refusé la porte de l'entrée de la maison de ville où il désirait nous joindre, et que nous nous étions retirés en la maison du sieur de Saint-Clinier, curé de Saint-Victor, l'un de nous, conseiller de ville, pour délibérer, y serait venu ; et, ayant pris lecture de notre procès-verbal ci-dessus, il a témoigné que sa retraite provenait des menaces de prison qui lui avaient été faites par le sieur Alixand, accompagné du capitaine et des gardes de Monseigneur; mais qu'il n'a jamais eu dessein de se séparer de nous, ni se départir de la nomination qui a été faite de sa personne par le conseil de ville; laquelle nomination il entend soutenir de sa part, attendu qu'on ne saurait lui faire aucun reproche. Il s'engage de s'opposer également à l'ordonnance de monseigneur le Comte du 4 de ce mois, et à l'acte d'enregistrement qui en a été fait cejourd'hui; et, pour moyen d'opposition, il emploie les mêmes moyens ci-dessus, et se pourvoit pardevant Sa Majesté avec ledit M. Pierre Dubois, son collègue, et les vingt-quatre conseillers de ville, déclarant aussi qu'il prend pour troubles aux fonctions de sa charge l'entreprise du sieur Alixand; donnant de sa part audit sieur Faure le même pouvoir que dessus. Dont et de tout ce que dessus nous avons dressé le présent procès-verbal pour servir et valoir ce que de raison, dont acte, et avons signé :

> MARANDAT, premier échevin ; DUBOIS, échevin ; VINCENT, curé de Saint-Etienne ; DE SAINT-CLINIER, curé de Saint-Victor ; FLAMAN, curé de Saint-Jean ; FAURE ; GUILLER ; ARCHAMBAUD ; GAUTIER ; CHASTELLAIN ; BARLEUF ; ROUSSET ; BOIRET ; CHAMBRUN ; CALLOT[1].

Contrôlé à Nevers, le 11 octobre 1717.

[1] Les autres conseillers qui, pour des motifs plus ou moins plausibles, n'avaient point assisté à la réunion, donnèrent tous leur adhésion à ce procès-verbal, à l'exception du sieur Villars du Chaumont, que le Comte avait de son autorité privée nommé échevin. L'échevin Nicot, tout en approuvant la conduite de ses collègues, s'était aussi abstenu, parce que, croyant ses fonctions incompatibles avec la charge d'échevin, il était dans l'intention de donner sa démission. Il la donna en effet, après le jugement du procès ; et on élut à sa place Nicolas Dollet, de Solières, avocat, un de ceux que le Comte avait lui-même choisis, mais qui avait su s'attirer l'estime de ses concitoyens par sa loyauté et son impartialité pendant le cours de son administration provisoire.

DISCUSSION.

PREMIÈRE SECTION.

JUSTIFICATION DE L'ORDONNANCE DU COMTE DE NEVERS.

Les habitants de la ville de Nevers étaient autrefois serfs des comtes de Nevers. Ils n'ont eu leur liberté ou affranchissement qu'en 1231.

Par une charte, en date du 1er des calendes d'août de cette année, Guy, comte de Nevers, et la comtesse Mathilde, sa femme, ont, de grâce spéciale, pour rendre dans la suite cette ville peuplée d'habitants, accordé des lettres d'affranchissement, à condition par chaque habitant de payer aux comtes de Nevers un cens annuel qui serait perçu et levé par quatre bourgeois [1]. Dans ce même titre, il est fait mention que les quatre bourgeois administreront les affaires de la ville, et le Comte de Nevers accorde différents autres priviléges aux habitants :

---

[1] Ainsi que je l'ai déjà dit, toutes les chartes et lettres-patentes dont il est question dans ce procès, se trouvent réunies à la fin par ordre chronologique.

1° Le droit de pêcher dans les eaux de Loire, de Nièvre et de Mouësse ;

2° Le droit de donner le jour pour l'ouverture des vendanges ;

3° Le pouvoir aux quatre bourgeois de contenir les habitants dans l'obéissance, de juger les malfaiteurs et délinquants, sauf que lesdits quatre bourgeois, en cas de plainte de leurs jugements, seront tenus de *comparoir* devant leur seigneur pour en rendre compte, et en cas que leurs jugements soient réformés, lesdits quatre bourgeois ne seront point mulctés d'amende par le Comte de Nevers, en affirmant entre ses mains qu'ils n'ont point péché par malice, mais par ignorance. — Voilà l'établissement des échevins.

Le 15 novembre 1483, le roi Charles VIII a donné au duc de Brabant, comte de Nevers, le gouvernement dans toute l'étendue du comté de Nevers et autres terres, pays et seigneuries qui en dépendent. Les lettres-patentes portent en termes exprès que le duc de Brabant, comte de Nevers, aura pouvoir d'entretenir ou de faire entretenir les habitants et sujets en ordre et police, de leur faire et administrer bonne et briève justice, de punir et faire punir les malfaiteurs et délinquants, et faire généralement tout ce qu'il verra être bon pour le bien de Sa Majesté, tout ainsi que Sa Majesté ferait et pourrait faire, si présente en personne elle y était.

En 1489, le duc de Brabant, comte de Nevers, outre les quatre bourgeois établis par le comte Guy et la comtesse Mathilde, a donné des provisions à messire Jean Damas de capitaine de la ville, emploi vacant par le décès de Jean de Champdes, aux gages de 100 livres par an, payables sur le patrimoine de la ville et deniers communs.

Ce capitaine, établi par le Comte de Nevers, était ce qu'on appelle aujourd'hui gouverneur de la ville; il avait la préséance sur les quatre bourgeois échevins; il leur commandait, ainsi qu'aux habitants, en l'absence du Comte; il avait les clés de la ville, et prêtait serment d'être fidèle au Comte, ainsi que le tout est plus amplement expliqué dans l'acte de prestation de serment dudit sieur Damas, du 12 août 1489.

Le 6 février 1569, le roi a conservé les ducs de Nevers dans les droits et l'autorité qui leur appartiennent dans leurs pays, terres et seigneuries, et a fait défense à tous autres gouverneurs, baillis et sénéchaux d'attenter auxdits droits.

Les 26 janvier 1577 et 11 avril 1595, Henri III et Henri IV ont accordé le gouvernement à Ludovic de Gonzague et à son fils, avec les mêmes priviléges et prérogatives.

Le 15 mars 1620, le gouvernement a encore été accordé au duc de Nevers, avec pouvoir d'ordonner et de disposer selon et ainsi que le roi ferait et pourrait faire, si présent en personne il y était, *jaçoit que le cas requit mandement plus spécial qu'il n'est porté par le contenu aux présentes.*

Le 9 mars 1632, le duc de Mantoue et de Nevers a obtenu du roi Louis XIII des lettres de confirmation des mêmes pouvoirs et des mêmes priviléges.

Le 8 octobre 1638, Marie et Anne de Gonzague, duchesses de Nevers, ont obtenu arrêt du conseil qui confirme le droit aux ducs et duchesses de Nevers, de nommer telles personnes qu'ils jugeront à propos, pour exercer les charges royales qui ont été et seront établies dans le duché de Nevers, même celle de procureur du roi de la ville et communauté [1], et celle de greffier de la même ville.

---

[1] Office créé par édit de juin 1635.

Le motif de cet arrêt tire son origine des droits qu'ont toujours eus les comtes et ducs de Nevers sur les habitants et sujets du duché, de disposer et de nommer aux offices et emplois.

Le 3 décembre 1644, Marie et Anne de Gonzague ont donné leur nomination à Jean Sallonnyer pour l'office de procureur du roi de la ville et communauté, qui était auparavant possédé par Jean du Feuilloux, sur leur nomination.

Le 1ᵉʳ décembre 1645, Jean Sallonnyer, sur cette nomination, a obtenu des provisions; ces provisions rapportent et énoncent l'arrêt de 1638.

Le 25 avril 1714, le comte de Nevers a été maintenu dans les mêmes droits par arrêt rendu à son profit contre les héritiers du sieur Philippe-Gabriel Prisye, avocat, pour une charge d'élu. Cet arrêt ordonne de nouveau que les provisions de l'office de procureur du roi de la ville ne pourront être expédiées que sur la nomination et la présentation du seigneur duc, et après ses droits payés.

Il n'est pas douteux que tous ces titres prouvent avec évidence :

1° Que ce sont les comtes de Nevers qui ont établi les quatre bourgeois ou échevins pour lever les cens qui leur étaient dus, pour exercer les droits qui ont été concédés par le titre d'affranchissement de Guy, comte de Nevers, et pour administrer la ville sous leur autorité;

2° Que Guy, comte de Nevers, et la comtesse Mathilde ont réservé le droit de supériorité sur lesdits échevins, qui n'ont jamais eu pouvoir d'administrer que suivant la volonté des comtes et ducs de Nevers;

3° Que les comtes de Nevers avaient droit d'instituer un capitaine ou gouverneur dans ladite ville, avec un droit de supériorité dans tout ce qu'il faisait ; en sorte que les habitants ont toujours été soumis à leur volonté, sans pouvoir contredire les nominations et le choix par eux faits des personnes pour être capitaine, gouverneur ou échevin ;

4° Que les échevins et les vingt-quatre conseillers de ville n'ont été établis que par l'autorité des comtes de Nevers, et sont tenus de se conformer à leurs intentions et volontés ; qu'ils ont seulement le droit de faire des remontrances et de choisir des sujets pour échevins, lorsque les comtes et ducs de Nevers ne les ont point indiqués ni nommés ; mais que dès l'instant qu'ils ont été indiqués et nommés, ils doivent faire mention sur le registre qu'ils ont été élus suivant les ordres des ducs ou comtes de Nevers ;

5° Que les comtes et ducs de Nevers n'ayant renoncé par aucun titre aux droits qu'ils ont de pourvoir à toutes les charges dans l'étendue de leur duché, il n'y aurait pas raison de les en exclure, d'autant plus que par l'établissement qu'ils ont fait des échevins et des vingt-quatre conseillers de ville, ils se sont réservé le droit de supériorité et celui de faire exécuter leurs volontés ;

6° Que le droit d'instituer et de nommer les échevins leur est tellement personnel, que ceux-ci sont tenus de prêter serment entre leurs mains et, en leur absence, en celles de leur bailli de Nevers ou du lieutenant-général du bailliage ;

7° Que les comtes et ducs de Nevers ayant les mêmes droits et les mêmes pouvoirs à exercer que le roi sur les habitants et sujets du duché, les habitants ne peuvent rien faire par eux-mêmes et ne peuvent s'empêcher d'exécuter leurs ordres et leurs volontés dans le choix des personnes pour remplir les charges d'échevins, procureur du roi de la ville et autres ;

8° Que les droits des comtes et ducs de Nevers dans l'élection et le choix des échevins sont si certains, qu'ils ont été toujours exercés par le feu seigneur duc de Nevers ; et les vingt-quatre conseillers se sont toujours conformés à sa volonté, et n'ont nommé de leur chef des échevins que lorsque les ducs ont négligé de nommer des sujets ; et cela s'est exécuté jusqu'en 1690 et depuis, suivant qu'il paraît par différentes nominations.

Par conséquent le roi, par son édit de suppression des officiers de ville, ayant ordonné que les élections des échevins se feraient de la même manière qu'avant 1690, le comte de Nevers a eu droit de nommer, et les vingt-quatre conseillers de la ville ne peuvent se plaindre de sa nomination et élection, qui est conforme à ce qui se pratiquait avant 1690 ; et ils ont dû accepter ceux nommés et désignés.

Le droit des ducs de Nevers à la nomination des échevins est si constant, qu'il a été reconnu à différents temps par les conseillers de ville, qui ont été contraints, lorsqu'ils n'ont pas suivi les volontés et le choix déterminé par les ducs de Nevers, de révoquer leurs premières élections et de reconnaître ceux nommés et de les recevoir ; cela est établi par les élections de l'année 1696.

Il est nécessaire, pour rendre cette possession plus sensible, d'expliquer les usages de la ville de Nevers dans l'élection des échevins.

C'est un fait constant qu'avant de nommer les échevins, le conseil de ville ou les échevins en place écrivent, quinze jours avant l'élection, au duc ou comte de Nevers pour lui demander s'il souhaite nommer lui-même ; et on attend sa réponse avant que de procéder à une nomination.

C'est un autre fait constant que lorsque les comtes ou ducs

de Nevers ont nommé, les vingt-quatre conseillers de ville doivent recevoir et ont toujours reçu cette nomination, et lorsque les ducs ou comtes ont déclaré ne vouloir nommer et qu'ils s'en rapportent aux conseillers de ville, les vingt-quatre conseillers choisissent et nomment les personnes qu'ils jugent à propos. Ces usages sont conformes aux droits des ducs et comtes réservés sur les habitants, et qui ont été confirmés par nos rois.

Cet usage s'est pratiqué l'année présente. Le corps de ville a demandé au Comte les sujets qu'il voulait nommer; celui-ci, exprimant sa volonté et son choix, a désigné pour premier et second échevin les sieurs de Villars et Moisy, pour troisième échevin le sieur Follereau, et a laissé au corps de ville la liberté de nommer le quatrième [1].

Il est important d'observer qu'avant la nomination des échevins, on doit choisir vingt-quatre conseillers de ville qui assistent à l'assemblée, et qu'on doit toujours élire pour conseillers deux chanoines de l'église cathédrale, suivant le droit et l'usage ancien. Or, on a affecté par cabale de ne nommer aucun chanoine, de sorte que le chapitre et les chanoines ont signifié des oppositions à la nomination des vingt-quatre conseillers et à celle des échevins, et ont protesté de nullité avant la lecture de la nomination.

Nonobstant les ordres du Comte et l'opposition des chanoines, les conseillers de ville indûment élus, ont nommé pour échevins, dans l'ordre suivant : Marandat, marchand de quincaille; Fiacre Millaud, procureur en l'élection; Nicot, maître particulier des eaux et forêts; et Dubois, notaire royal.

---

[1] *Voir* la lettre du Comte, insérée dans la note de la page 5.

Les deux premiers ont une incapacité personnelle à pouvoir être échevins, soit par rapport à leur qualité, soit à cause de la négligence qu'ils ont apportée au bien du service de Sa Majesté, comme échevins nommés ci-devant pour exercer depuis le mois d'octobre 1716 jusqu'au 1er octobre 1717.

Les preuves en sont frappantes :

C'est, en effet, une règle et un usage établis en la ville de Nevers, qui est une capitale de province, que le premier échevin doit être officier de judicature, avocat, ou gradué, ou notable bourgeois. Marandat n'est qu'un petit marchand ; il est nommé pour premier échevin : il y a donc une incapacité qui réside en sa personne, et qui forme un empêchement à son élection.

De plus, ni lui, ni Fiacre Millaud n'ont rien payé des impositions de l'année dernière [1] ; c'est un retard dans les affaires de Sa Majesté, qui est un second obstacle ; ils ont même très-peu de bien pour répondre des impositions, et levées des deniers qui sont très-considérables ; il était donc important de choisir de meilleurs sujets plus qualifiés, plus vigilants, et qui eussent beaucoup plus de bien pour répondre du maniement des deniers publics.

Quant aux deux autres, leur incapacité réside dans leurs fonctions mêmes ou dans leurs précédents. En effet, la qualité du sieur Nicot de maître particulier des eaux et forêts est un titre d'exemption. L'ordonnance de 1669 l'exempte de la collecte des deniers, et des autres charges publiques ; il est tenu et obligé, par la disposition de la même ordonnance, de faire des visites dans les bois du roi, de se transporter

---

[1] On rapporte un certificat du receveur des tailles, du 1er octobre 1717, qui prouve que ces deux échevins n'ont payé que 10 livres sur les impositions d'une année entière qui se monte à 35,217 livres 11 sous 2 deniers.

dans tous les bois de la commune et des particuliers, lorsqu'il y a des délits ou des dégradations à constater : ces visites et transports résistent à la qualité d'échevin qui demande une résidence perpétuelle, soit pour le logement des troupes de Sa Majesté, soit pour la collecte et levée des deniers à laquelle les échevins de la ville de Nevers sont tenus, parce qu'on n'y nomme plus de collecteurs depuis la suppression des échevins en titre.

Quant au notaire Dubois, il est séparé de biens d'avec sa femme, et c'est un homme qui n'a rien : il a même été destitué de la collecte à laquelle il avait été nommé dans le temps qu'il y avait deux échevins honoraires en titre, par ordonnance de M. Turgot de Saint-Clair, intendant, en date du 24 avril 1716, à cause qu'il n'a aucun bien pour répondre de la levée des impôts ; ainsi, la nomination faite de sa personne par cabale et par des séditieux qui veulent se soulever contre les ordres de leur seigneur et gouverneur, ne peut encore subsister.

Ces nominations de vingt-quatre conseillers de ville et d'échevins, faites dans des assemblées tumultueuses et concertées, ont produit différentes plaintes :

1° Les doyen, chanoines et chapitre de Nevers ont protesté de ce que, au préjudice des oppositions par eux formées à l'élection des vingt-quatre conseillers de ville, on aurait passé outre à une nomination d'échevins ;

2° Le procureur du roi de la ville et communauté, s'est plaint de cette assemblée tumultueuse faite par cabale, contre l'autorité et la volonté du seigneur et gouverneur; ensemble de l'incapacité et de l'inhabilité des personnes nommées ;

3° Le receveur des tailles s'est plaint de ce qu'il lui était dû la somme de 35,217 livres 11 sous 2 deniers par lesdits

Marandat et Millaud, sans pouvoir en retirer aucun payement. Toutes ces plaintes ont donné lieu au Comté de Nevers de rendre, en sa qualité de seigneur et gouverneur, l'ordonnance du 4 octobre 1717, dont on se plaint quoiqu'elle soit régulière et très-judicieuse.

Par cette ordonnance, les élections des vingt-quatre conseillers de ville ont été cassées; il a été ordonné qu'il serait procédé à de nouvelles élections, dans lesquelles, pour le quartier de Loire, il serait nommé deux chanoines, sans qu'on puisse nommer un plus grand nombre d'ecclésiastiques ou de curés.

La nomination prétendue des échevins a été pareillement cassée et annulée; et le Comte de Nevers usant des droits qui lui appartiennent, et pour le bien du service de Sa Majesté, a nommé pour premier échevin le sieur de Villars, notable bourgeois; pour second échevin, le sieur Moisy; pour troisième, le sieur Dollet, avocat; et pour quatrième le sieur Follereau, notable marchand.

Il n'est pas douteux que ces échevins sont beaucoup plus qualifiés et ont infiniment plus de biens que les autres, pour répondre du service et de la levée des deniers publics.

Il s'agit donc maintenant d'examiner si le Comte de Nevers a été en droit de casser ces élections, sur les plaintes et la désobéissance faites à ses ordres, et s'il a été en droit de nommer d'autres échevins.

En effet, les échevins sont sous les ordres des comtés et ducs de Nevers, également comme les vingt-quatre conseillers: les habitants n'ont été affranchis que sous cette loi; ils ne peuvent rien faire qui soit contraire à leurs volontés; et en cas de plaintes, les comtes et ducs de Nevers ont droit de leur demander compte de leurs décisions, et de les réformer; et de là, il résulte que le Comte de Nevers n'a usé que du droit qui lui appartient et dont ses prédécesseurs ont usé.

Les droits ont été conservés aux comtes et ducs de Nevers par différentes lettres-patentes, qui leur confirment successivement le gouvernement de la province, avec droit d'exercer la même autorité que le roi, s'il y était en personne; il est sans doute que le roi aurait droit de réprimer les habitants s'ils n'exécutaient ses volontés; par conséquent on ne peut attaquer cette ordonnance par défaut de pouvoir.

Les comtes et ducs de Nevers ont toujours choisi et nommé ceux qu'ils jugeaient les plus propres à remplir les fonctions d'échevins. Les vingt-quatre conseillers de ville n'ont que la voie de remontrance sur le choix fait par les ducs de Nevers, et ils n'ont la liberté de nommer que lorsqu'elle leur est laissée par les comtes et ducs; cette possession a toujours été exercée avant même 1690; elle est prouvée par plusieurs actes; et le Comte de Nevers n'a fait, par son ordonnance, que se maintenir dans des droits qui lui appartiennent par des titres et une possession incontestable, et n'a usé que du droit personnel qu'il a de casser ce qui est fait contre ses volontés, contre le bien du service et contre les règles ordinaires.

Enfin il y avait nécessité de nommer et de mettre des officiers en place capables de faire le service; tout ce qui avait été fait étant nul, joint que la provision et la possession de nommer appartiennent au Comte.

Dans le fond, cette ordonnance est la plus juste et la plus juridique qui ait jamais paru. Les preuves en sont claires et évidentes :

1° On doit toujours élire deux chanoines pour conseillers de ville. Il n'y a que ces ecclésiastiques qui soient appelés à l'administration publique, à cause de la dignité de leur corps. Les curés n'ont que le gouvernement des âmes ; ils ne doivent point se mêler d'affaires publiques qui ne tendraient qu'à les déranger de leurs exercices spirituels auxquels ils doivent toujours être appliqués ; et c'est pour cela que par les ordonnances de nos rois, il leur est interdit de se mêler de toutes nominations qui regardent les affaires politiques. On avait néanmoins élu pour conseillers de ville trois curés connus séditieux et du nombre de ceux qui résistent à leur évêque : ainsi l'ordonnance du Comte de Nevers est conforme aux réglements ; elle est juridique.

2° Le droit de faire exécuter les réglements de la ville de Nevers, qui n'ont été faits que par les comtes ou ducs de Nevers ou à leur réquisition, leur appartient uniquement, suivant les termes précis des anciennes concessions faites par les comtes ou ducs aux habitants, confirmées par nos rois ; et c'est pour cela que cette ordonnance qui casse les vingt-quatre conseillers, ordonne en même temps une nouvelle élection, avec condition de nommer pour conseillers de ville deux chanoines, suivant le droit ancien et l'usage qui a toujours été observé, sans qu'on puisse nommer un plus grand nombre d'ecclésiastiques ni de curés. Il n'y a rien qui ne soit sage dans cette disposition ; c'est l'ouvrage d'une prudence consommée.

3° L'élection des vingt-quatre conseillers de ville étant nulle par l'omission qui a été faite de ceux qui sont conseillers-nés et désignés, il est sans difficulté que l'opposition de ces conseillers-nés à cette élection la rend nulle également comme l'assemblée qui a été faite par ces prétendus vingt-quatre conseillers, qui n'a pu subsister et ne peut produire aucun effet.

4° Indépendamment de cette première nullité, cette élection est encore nulle comme ayant été faite contre les droits et la volonté du Comte, et on ne peut réclamer contre l'ordonnance en question.

La seule voie qui serait permise pour attaquer cette ordonnance serait si le Comte de Nevers avait abusé de ses pouvoirs en nommant des sujets incapables, ou de basse extraction et sans biens pour remplir les places d'échevins.

Mais bien loin que le Comte soit tombé dans ces inconvénients, il a réprimé et cassé la nomination des prétendus vingt-quatre conseillers qui y étaient eux-mêmes tombés, au lieu que ceux nommés par le Comte sont gens de considération, capables de bien exercer ces fonctions, et infiniment plus solvables que les autres.

Enfin par tous les arrêts, les ducs et comtes de Nevers ont toujours été maintenus dans le droit de choisir et de nommer des sujets propres à remplir les charges dans leurs pays, terres et seigneuries, même celles de l'hôtel-de-ville de Nevers.

Par ces considérations, le Comte de Nevers espère que le Roi le maintiendra dans ses priviléges et possessions, et qu'il réprimera sévèrement une troupe de séditieux assemblés par cabale, pour jeter le désordre et le trouble dans le duché et dans la ville de Nevers.

DEUXIÈME SECTION.

RÉFUTATION DES ALLÉGATIONS DU COMTE

PAR LES CONSEILLERS ET ÉCHEVINS.

C'est avec douleur que, sans blesser le respect que les habitants doivent au Comte de Nevers, et qu'ils conserveront toujours pour leur seigneur, ils se voient contraints, contre leur inclination, de faire entendre à Sa Majesté les justes raisons qu'ils ont de conserver leurs franchises et libertés.

Les priviléges de la ville de Nevers sont établis sur des chartes et des conventions faites entre les anciens seigneurs du comté de Nevers et les habitants, confirmées et autorisées par les rois prédécesseurs de Sa Majesté.

La ville de Nevers est une des plus anciennes du royaume; elle a toujours été très-soumise à nos rois, qui l'ont, par ces considérations, confirmée dans ses priviléges.

Par la charte de 1194, Pierre de Courtenay, comte de

Nevers, fit faire une nouvelle enceinte des murs de la ville [1], et déclara que les habitants feraient tous les ans l'élection de quatre bourgeois, qui administreraient les affaires de la cité.

Guy de Forêt, comte de Nevers, et Mathilde, son épouse, par une charte du mois de juillet 1231, déclarent que les habitants de Nevers ont toujours été de condition libre, qu'il leur appartient le droit d'élire tous les ans quatre bourgeois, pour juger tous les débats, crimes et délits, et pour gérer les affaires de la communauté. Il appartenait aussi, suivant ce titre, aux bourgeois élus, de faire la répartition d'un cens dû au seigneur Comte de Nevers, sur tous les habitants, dont le plus fort n'excédait pas 40 sols, avec cette restriction que celui des habitants qui ne pourrait porter cette taxe, ne payerait que 12 deniers, sur la simple attestation des quatre bourgeois. Ce cens n'était autre chose qu'une espèce de taille que les seigneurs s'étaient arrogée vers le temps de Hugues Capet, et qui était à charge au peuple ; il fut aboli par l'autorité de nos rois, auxquels il appartient d'imposer seuls les tailles sur les peuples ; aussi M. le Comte de Nevers ne saurait-il prouver que ce droit de cens ait été payé par les habitants depuis plus de quatre cents ans.

---

[1] Au dixième siècle, Nevers était resserré dans d'étroites limites ; son étendue était à peine celle d'un village. La ville n'avait alors que deux portes : l'une était située près de la tour Saint-Michel, vers la rue des Marmouzets ; elle s'ouvrait sur la route d'Autun et de Bourges ; l'autre était au bas de la rue du Doyenné, et s'ouvrait sur la route de Paris et d'Orléans. Mais, tout à l'entour, il y avait des faubourgs considérables, qui s'étaient formés à l'ombre des couvents de Saint-Martin, de Saint-Victor, de Saint-Étienne et de Saint-Genest, et des paroisses de Saint-Arigle, de Saint-Trohé, de Saint-Pierre et de Saint-Laurent. Pierre de Courtenay environna Nevers et ses faubourgs d'un mur de 1,700 toises de circuit, depuis le ruisseau du Croux, où est la porte actuelle, jusque derrière l'église de Saint-Trohé.

Ces chartes établissent parfaitement le droit des habitants pour l'élection des quatre échevins. La preuve de ces élections dans les premiers temps se tire encore des comptes des revenus de la ville, dont les plus anciens commencent en l'année 1389 [1].

Le receveur des revenus de la ville rend compte de son maniement aux échevins, qui rendent pareillement compte, dans l'assemblée des habitants, de toutes les dépenses qui ont été faites pour le bien et l'avantage de la ville. Ce mode d'administration a été suivi depuis 1389 jusqu'en 1512. A cette époque, les habitants obtinrent des lettres-patentes de Louis XII, portant qu'ils s'assembleraient tous les ans pour nommer entre eux, dans les quatre quartiers de la ville, six notables personnages de chaque quartier, tant clercs et licenciés ès-lois, que bourgeois et marchands ou habitants non faisant *art mécanique*, et que les vingt-quatre conseillers feraient l'élection des échevins et autres officiers, et traiteraient de toutes les affaires de la communauté, comme représentant tous les habitants, de la même manière qu'il se pratiquait avant lesdites lettres-patentes. Ces lettres-patentes ont été confirmées depuis par Henri II, en 1552.

Depuis l'établissement des vingt-quatre conseillers nommés par les habitants, lesdits conseillers ont élu, sans aucune contradiction et sans interruption, les échevins, le procureur du fait commun, son substitut, le receveur des deniers communs, le greffier, les officiers de la milice bourgeoise, les administrateurs de l'Hôtel-Dieu, les notaires et les procureurs. Les registres conservés dans le trésor de l'hôtel-de-

---

[1] J'ai trouvé tous les comptes des receveurs, depuis 1389 jusqu'en 1773. Je les ai rangés d'après leur ordre chronologique. Malheureusement, quelques-uns sont pourris ou dans un état affreux de détérioration.

ville, et dont les plus anciens remontent en l'année 1556 [1], justifient ce droit, qui, du reste, n'a jamais été contesté jusqu'ici par les seigneurs comtes et ducs de Nevers.

L'histoire du judicieux Coquille est un témoignage authentique de cette vérité. Ce sage jurisconsulte, commentateur de la Coutume de Nivernois et procureur général du domaine du duché de Nevers, parfaitement instruit des droits des seigneurs de Nevers et des priviléges des habitants, et élu deux fois échevin, remarque que les habitants font élection de vingt-quatre conseillers, et que lesdits conseillers ont le droit de nommer les échevins et les autres officiers municipaux de la ville. Voici les termes dont il se sert dans son histoire :

« La ville de Nevers est gouvernée par quatre échevins,
» qui sont élus chacun an le dimanche avant la fête de saint
» Michel, parce que l'administration desdits échevins
» commence le 1ᵉʳ octobre, à cause de la ferme de la
» communauté. L'élection se fait par les vingt-quatre
» conseillers représentant le corps de la ville, dont il y en a
» six dans chacun quartier (la ville étant composée de
» quatre quartiers). Lesdits conseillers ont le pouvoir, avec
» lesdits échevins, de faire et consentir tous actes, comme
» si tous lesdits habitants étaient assemblés, même d'élire
» quatre échevins et autres officiers municipaux, qui sont
» le procureur du fait commun, son substitut, le receveur
» des deniers communs et le secrétaire ou scribe; lesdits

---

[1] Dès l'année 1508, les échevins faisaient enregistrer leurs délibérations sur un registre. Cependant, la collection que renferment les archives ne commence qu'au 26 septembre 1556. Il est évident, d'après ce que disent les conseillers de 1717, que les registres des années précédentes ne subsistent plus. Toutefois, j'ai découvert, confondu avec les vieux registres des receveurs, celui de Gilbert Doreau, que les échevins firent faire, en 1535, *de papier d'Espagne, couvert d'une peau de veau*, et que Parmentier a cru perdu.

» vingt-quatre conseillers élisant aussi par chacun an, le
» dimanche avant la fête de tous les Saints, les quatre
» administrateurs du grand hôpital et autres officiers de
» l'hôpital ; lesdits administrateurs sont confirmés par lesdits
» échevins et prêtent serment en l'hôtel-de-ville; pardevant
» eux. »

La forme de ces élections n'a point été interrompue pendant plusieurs siècles. Les habitants ont eu ainsi l'avantage, en se conformant aux lettres-patentes de Louis XII, confirmatives de leurs privilèges, de se choisir pour conseillers les plus sages citoyens attachés au bien public ; d'où il est arrivé que lesdits conseillers ont fait choix de personnages qui ont travaillé à rendre la justice distributive dans la répartition des impôts, tant pour le ménagement des deniers publics, que pour les affaires de la communauté et le soulagement du peuple.

Les registres de l'hôtel-de-ville certifient le bon ordre tenu pour les élections, qui a été continué jusqu'à la création des charges de maires et autres officiers.

Les habitants de Nevers, par la création de ces offices, ont ressenti le pouvoir despotique desdits officiers ; les deniers publics ont été dissipés, leurs privilèges anéantis : ce qui les a fait gémir jusqu'à la suppression générale ordonnée par l'édit du mois de juin 1717.

Lors de cette suppression, les nommés Robichon et Alixand, maire et lieutenant de maire alternatifs, ont, sous le nom de M. le Comte de Nevers, présenté requête au conseil de Sa Majesté, pour faire excepter leurs charges de l'édit de suppression, sous prétexte qu'elles avaient été unies au comté de Nevers. L'intendant de la généralité, à qui cette requête a été envoyée pour avoir son avis, l'a communiquée à la générale communauté de la ville, qui fut assemblée à ce sujet le 22 août dernier. Les sentiments unanimes de tout le corps des habitants furent opposés à la prétention de M. le Comte de Nevers; ils demandèrent l'exécution de l'édit de suppression et de la déclaration rendue en conséquence.

Le 28 août suivant, Sa Majesté rendit un arrêt général, en forme de réglement pour tout le royaume, qui décida la conservation, et ordonna l'exécution des édits et déclarations; ce faisant, que les villes seraient administrées et que l'élection des officiers municipaux se ferait de la même manière et aux mêmes jours qu'elle se pratiquait avant la création desdits offices; à cet effet que les intendants ou leurs subdélégués assisteraient pour la première fois seulement à l'élection desdits officiers, et tiendraient la main à ce que lesdites élections fussent faites suivant l'usage pratiqué avant la création des offices supprimés.

En exécution de cet arrêt, les maire et échevins de Nevers firent publier à cri public, le 25 septembre, pour avertir les habitants de se trouver, le lendemain dimanche, dans les endroits accoutumés pour se choisir vingt-quatre conseillers de ville. L'élection fut faite par les habitants, en présence des ci-devant officiers en titre, qui reçurent les serments et en donnèrent acte au procureur de la ville.

Le même jour de relevée, il fut procédé par les vingt-quatre conseillers à l'élection des quatre échevins, à laquelle assistèrent, non-seulement Robichon et Alixand, mais encore les subdélégués de l'intendant, en conformité de l'arrêt du conseil, rendu le 28 août, au sujet des élections.

Marandat et Millaud, qui avaient été élus échevins l'année précédente, furent continués pour un an, pour rétablir l'ancien usage, comme étant au fait des affaires de la ville.

Nicot, maître particulier des eaux et forêts, et Dubois, notaire, furent nommés pour deux ans.

Le lendemain 27, le procureur de la pairie de Nevers fit assigner lesdits échevins pour prêter serment; ils comparurent le 28 à l'audience et prêtèrent serment, à la réserve dudit Nicot [1].

Les choses ainsi consommées, Alixand, qui avait autorisé les assemblées et l'élection, et qui y avait assisté, fit signer à M. le Comte de Nevers une ordonnance, du 4 octobre suivant, qui casse l'élection tant des vingt-quatre conseillers que des quatre échevins, et nomme quatre autres échevins, faisant défense à ceux précédemment élus par le peuple d'en faire les fonctions. Cette ordonnance fut apportée le 10 octobre suivant à l'hôtel-de-ville par Alixand, accompagné du capitaine des gardes, et fut enregistrée par le procureur du fait commun. Immédiatement après, nonobstant leurs protestations, les échevins furent chassés de l'hôtel-de-ville, dont les portes furent gardées par les gardes de M. le Comte, et l'entrée en fut interdite aux conseillers. Dubois même fut écroué le 23 dans les prisons, où il est resté jusqu'au 11 novembre, sans qu'il ait pu savoir les causes de son emprisonnement.

Pour justifier son ordonnance, M. le Comte présente diverses allégations qu'il est facile de détruire.

Il prétend d'abord que le droit de nommer les vingt-quatre conseillers lui appartient, et que ces conseillers ne

---

[1] Comme nous l'avons dit plus haut, Nicot croyait ses fonctions de maître des eaux et forêts incompatibles avec celles d'échevin; il préférait du reste son repos à toutes les agitations que lui promettait son nouveau titre.

peuvent élire d'autres sujets que ceux qui leur sont indiqués ; de plus, qu'on doit lui écrire quinze jours avant l'élection des échevins, pour connaitre sa volonté sur le choix des sujets qu'il veut nommer pour remplir ces charges.

Pour établir sa prétention, M. le Comte se fonde sur ce qu'en sa qualité de seigneur de Nevers, les échevins et les vingt-quatre conseillers sont sous ses ordres, qu'ils ne doivent rien faire sans son agrément, n'ayant été affranchis et tirés de la servitude, suivant la charte de 1231, que sous cette condition.

Secondement, qu'en qualité de gouverneur, les ducs et comtes de Nevers ont droit d'exercer la même autorité sur les habitants que les rois exerceraient sur leurs sujets.

Troisièmement, enfin, que les comtes et ducs de Nevers ont toujours choisi et nommé ceux qu'ils jugeaient les plus propres à remplir les places d'échevins, n'étant loisible aux vingt-quatre conseillers de nommer d'autres sujets, sinon lorsque les comtes et ducs leur en laissent la liberté, et qu'enfin lesdits comtes et ducs sont en possession de ce droit et l'ont toujours exercé.

La réponse à toutes ces allégations et à ces prétendus droits est des plus nettes et des plus catégoriques ; la voici :

Les habitants de Nevers n'ont jamais été serfs, comme le suppose le Comte ; les priviléges de Guy et de Mathilde, en 1231, justifient qu'ils ont toujours été de franche et libre condition : *Notum facimus dilectos nostros Burgenses de Nivernis, liberæ semper esse conditionis*. Les lettres-patentes accordées, en 1483, par le roi de France, Charles VIII, au duc de Brabant, comte de Nevers, pour le gouvernement du Nivernois, ne donnent aucune atteinte aux libertés et priviléges des habitants ; ce qui est contenu auxdites lettres est conforme aux droits et avantages des gouverneurs du royaume, dont les fonctions intéressent Sa Majesté pour contenir les peuples dans l'obéissance, empêcher les excès et les violences, faire observer les lois et les ordonnances; et les habitants de Nevers peuvent se rendre le témoignage qu'ils ne se sont jamais écartés de leurs devoirs, et qu'ils ont eu et auront toujours un attachement inviolable pour les intérêts de Sa Majesté, et tout le respect et la soumission qu'ils doivent au rang et à la personne de leur Comte.

Le Comte de Nevers ne peut s'empêcher de confirmer les priviléges de Guy et Mathilde, qui ont imposé à tous leurs successeurs la loi de ne pouvoir être reconnus pour seigneurs et comtes, qu'en confirmant par serment tous les priviléges rapportés audit titre.

Cette loi a été exactement observée par les anciens comtes et ducs de Bourgogne, par les comtes et ducs de Nevers, par les gouverneurs, lieutenants du roi et grands baillis de Nivernois, et en dernier lieu par les princesses Anne et Marie de Gonzague et de Clèves, duchesses et gouvernantes de Nivernois, qui ont confirmé par serment solennel les mêmes priviléges, le vingt-neuvième mai 1639. Le duc de Nevers, père du Comte actuel, les a ratifiés en 1691, entre les mains du sieur Panseron, élu pour lors échevin, qui en rendra témoignage; le registre de ladite année, sur lequel est le serment, ayant été spolié, de même que beaucoup d'autres registres et principaux titres concernant les droits et revenus de la ville, pour raison de quoi il y a information pour découvrir les auteurs du vol [1]. François, Ludovic et Charles de Gonzague,

---

1. *Voir*, aux *Preuves*, la délibération du conseil relative à ce sujet.

ducs de Nevers, ont aussi ratifié les priviléges des habitants. Les actes de 1549, 1566 et 1603, énonciatifs des mêmes serments faits par les anciens seigneurs de Nevers, en font foi. Tous ces priviléges ont été confirmés par saint Louis, en 1231 ; par Charles fils aîné, régent du royaume, en 1356 ; approuvés par les bulles des souverains pontifes Innocent IV, par les archevêques de Lyon, de Bourges, de Sens ; par les évêques de Langres, d'Autun, d'Auxerre et de Nevers ; les seigneurs Guy et Mathilde s'étant soumis, eux et leurs successeurs, à la peine de l'excommunication en cas de contravention auxdits priviléges.

Les agents du Comte de Nevers lui font encore dire qu'en qualité de seigneur comte de Nevers il a droit de choisir les vingt-quatre conseillers et les quatre échevins ; et pour l'établissement de ce droit, ils produisent quelques lettres que le père dudit Comte a écrites à la ville pour la nomination des échevins.

Ces lettres, au contraire, prouvent que ce droit appartient à la ville à laquelle elles sont adressées ; car, pourquoi les leur adresserait-on, si les habitants n'avaient pas le droit d'élection ? Elles ne peuvent être considérées que comme des invitations aux habitants, de choisir et de nommer ceux qui sont indiqués par le Comte ; elles sont semblables à celles qu'il a écrites lui-même en dernier lieu à la ville, le 10 août et le 20 septembre dernier, par lesquelles il les prie de nommer trois personnes qu'il indique pour échevins. Dans celle du 10 août, il ajoute ces termes décisifs : *ce que je demande, n'ôte point aux habitants le droit qu'ils ont toujours eu de se nommer quatre échevins.* Quel avantage peut tirer le Comte de Nevers de ces sortes de lettres, si ce n'est que les conseillers ont voulu par *honnêteté* déférer au désir du feu duc de Nevers? Mais ces sortes d'invitations et de déférences respectueuses peuvent-elles prévaloir contre un droit et une possession qui dure depuis six cents ans, en vertu des pactes faits entre les seigneurs et les habitants, confirmés par tous leurs successeurs et par les lettres-patentes de nos rois Louis XII et Henri II? Ces droits sont imprescriptibles, et de telles lettres ne peuvent anéantir des priviléges si solides.

En effet, peut-il y avoir des titres plus anciens et plus authentiques que ceux sur lesquels les priviléges de la ville sont établis; les habitants veulent bien les qualifier de concessions, de grâces qu'ils ont obtenues de leur seigneur; mais à parler plus sainement ce sont des pactes et des conventions entre les seigneurs et les bourgeois de la ville pour le maintien de leurs droits et de leurs priviléges. C'est un droit précieux dans lequel ils souhaitent se maintenir. L'élection des vingt-quatre conseillers, faite par les habitants, s'est toujours observée, conformément aux lettres-patentes de Louis XII, qui confirment aux habitants le droit qu'ils avaient avant lesdites lettres, d'élire les échevins et autres officiers de l'hôtel-de-ville, en se choisissant vingt-quatre conseillers pour faire les élections des échevins et officiers municipaux dudit hôtel-de-ville, et traiter des autres affaires; et ces lettres-patentes de Louis XII, confirmatives de leurs priviléges, leur ont été accordées à leur réquisition, ainsi qu'il paraît par lesdites lettres.

Le Comte de Nevers, de ce que les échevins prêtent serment entre les mains de son bailli, ne peut pas tirer l'induction qu'il ait pour cela le droit d'instituer et de nommer les échevins; car il est notoire que les échevins de la ville de Paris, à l'instar de laquelle toutes les nominations des échevins des autres villes du royaume se doivent faire, ne sont point nommés par le seigneur roi, quoique lesdits échevins prêtent serment entre ses mains. Messieurs les gouverneurs, lieutenants du roi et les baillis des comtes et ducs de Nevers, prêtent aussi serment entre les mains des échevins de la ville de Nevers, à l'effet de conserver les priviléges de ladite ville ; et les serments que prêtent les échevins pardevant le bailli du Comte de Nevers, ne sont que pour les obliger à s'acquitter de leurs charges avec honneur.

Sa qualité de gouverneur ne donne pas non plus au Comte le droit de nommer les échevins et autres officiers municipaux. Sa Majesté, en effet, a intérêt que les habitants se choisissent des sujets dont ils connaissent la probité et la solvabilité. La collecte et la levée des deniers sont attachées aux fonctions des échevins ; et, s'il arrivait que le Comte de Nevers eût le droit de les choisir lui-même, il ne serait pas juste que les habitants répondissent des dissipations et de l'insolvabilité de ceux qu'il voudrait nommer. Il est d'usage dans les principales villes du royaume de laisser au peuple et aux conseillers de ville la liberté de se choisir, pour les gouverner, des échevins qui soient d'une probité reconnue. Les ordonnances de Blois, article 363 [1], celle de Louis XIII [2], articles 209 et 412 font, du reste, défense

---

[1] *Extrait de l'ordonnance de Blois, vérifiée en parlement, le 25 janvier 1580.*

ART. 363.

Nous voulons que toutes élections de prévôts des marchands, maires, échevins, capitouls, jurats, consuls, conseillers et gouverneurs des villes se fassent librement, et que ceux qui, par autres voies, entreront en telles charges, en soient ôtés et leurs noms rayés des registres.

[2] *Extrait de l'ordonnance de Louis XIII, roi de France et de Navarre, donnée à Paris, au mois de janvier 1629, et enregistrée en parlement, le 15 janvier audit an.*

ART. 209.

Désirant pourvoir aux plaintes que nous avons reçues de divers endroits, des

à tous seigneurs et autres personnes de s'immiscer dans les élections des échevins, consuls, capitouls et officiers municipaux, lesquelles seront faites de la même manière que celles qui se pratiquent dans les villes de Paris, Limoges et autres.

Avant et depuis ces ordonnances, les habitants sont et ont toujours été en possession de nommer les échevins par les vingt-quatre conseillers, en conformité des lettres-patentes de 1512. Les gouverneurs de Nevers ne l'ont point contesté ; tous au contraire n'ont fait que confirmer et corroborer ce droit.

Le Comte de Nevers, pour second moyen, attaque l'élection qui a été faite par les habitants, des vingt-quatre conseillers, le 26 septembre dernier, fondé sur l'opposition formée de la part des chanoines de Nevers, au moyen de laquelle lesdits

---

fréquents empêchements qui sont donnés à l'exécution des sentences et arrêts, tant de nos juges ordinaires que de nos cours de parlements, nous défendons à tous gouverneurs, gentilshommes ou autres, de quelque qualité qu'ils soient, d'apporter aucun empêchement à la distribution de la justice, ni de s'entremettre du département de nos tailles, de troubler ou empêcher les habitants des paroisses à la nomination libre de leurs syndics, assesseurs et collecteurs, ni les outrager en faisant leurs dites charges sur les peines portées par nosdites ordonnances.

Art. 412.

Confirmant l'art. 363 des ordonnances de Blois, et y ajoutant, ordonnons que les élections des prévôts des marchands, maires, échevins, capitouls, jurats, consuls, procureurs, syndics, pairs, bourgeois, conseillers, sergent-major, capitaines, quarteniers, clercs, greffiers, receveurs, intendants des gardes, commis, portiers et autres charges de villes, seront faites ès-manières accoutumées, sans brigues et monopoles, des personnes plus propres et capables à exercer telles charges pour le bien de notre service, repos et sûreté desdites villes, èsquelles ils seront tenus de résider, sans que pour quelque cause et occasion que ce soit, lesdites charges puissent se résigner ; et afin de maintenir nos sujets avec plus d'ordre et tranquillité, voulons et ordonnons que les corps et maisons de ville, et la manière de leurs assemblées et administration en tout notre royaume, soient, autant que faire se pourra, réduites à la forme et manière de celles de notre bonne ville de Paris, ou le plus approchant d'icelle qu'il se pourra, ainsi qu'il a été déjà pratiqué en celles de Lyon, Limoges et autres.

4

conseillers n'ont dû procéder à l'élection des échevins, devant y avoir deux chanoines au nombre desdits conseillers, sans plus grand nombre d'ecclésiastiques.

Les habitants auront l'honneur d'observer à Sa Majesté que par les lettres-patentes de Louis XII, en 1512, les chanoines ne sont point conseillers-nés, étant loisible aux habitants de se choisir pour vingt-quatre conseillers, ceux qu'ils jugent les plus propres dans le clergé, *licenciés ès-lois, bourgeois, marchands* et *non personne d'un art mécanique*, de manière qu'aux termes desdites lettres-patentes les habitants sont en droit de choisir pour conseillers des chanoines ou des curés; les registres de l'hôtel-de-ville justifient que dans plusieurs élections il a été nommé par les habitants des chanoines, des curés et autres ecclésiastiques [1]. Les curés qui ont été nommés dans l'élection du 26 septembre dernier

[1] Le chapitre de Nevers était un véritable seigneur temporel, dont les privilèges furent confirmés par plusieurs de nos rois; il avait des *serfs taillables et explectables à volonté*, des vassaux qui lui prêtaient hommage et foi, enfin tous les droits de justice sur ses domaines seigneuriaux. C'était le corps qui jouait le rôle le plus important dans la ville de Nevers; et on comprend fort bien que, du jour où Louis XII accordait les lettres-patentes qui constituaient le *conseil de ville*, les habitants du quartier de Loire durent se faire un devoir de choisir deux chanoines pour les représenter dans ce conseil. Cet usage fut suivi pendant plus d'un siècle; et les chanoines, confondant l'usage avec le droit, ne tardèrent pas à s'attribuer des privilèges politiques à l'exclusion des autres ecclésiastiques.

On voit en effet dans les registres de la ville (*folio* 165), qu'en l'année 1624, ils contestèrent l'élection du curé de Saint-Jean, sous prétexte que pour les quartiers de Loire et du Croux on ne pouvait nommer que des dignitaires de Saint-Cyr. En 1646, cette prétention fut encore portée plus loin. Un chanoine rejeta l'abbé de Saint-Martin, disant qu'il y avait un concordat entre le chapitre et la ville, par lequel nul autre ecclésiastique qu'un chanoine ne pouvait être élu conseiller de ville. (*Folio* 92.)

Les lettres-patentes de 1512 ne contiennent rien qui puisse faire supposer un pareil droit; et, dans toutes les discussions qui ont eu lieu à ce sujet, le chapitre n'a pu produire un acte quelconque en sa faveur. C'est pourquoi, dans l'élection de 1717, saisissant la circonstance qui leur permettait de rentrer complètement dans leurs droits, les habitants ne se crurent pas liés par des précédents qu'on ne pouvait justifier.

sont irréprochables dans leurs vie et mœurs, et sont d'une doctrine orthodoxe : il y en a parmi eux qui sont docteurs en théologie ; ils sont aimés du peuple qui les a élus d'une voix unanime, très-capables de gérer les affaires de la communauté, et il n'est pas véritable qu'ils soient rebelles à leur évêque ; ils l'honorent comme leur chef et leur supérieur, et ils auront toujours pour lui le respect et la soumission qu'ils lui doivent.

L'opposition du chapitre de Nevers est uniquement l'ouvrage d'Alixand, ci-devant lieutenant de maire, officier du Comté de Nevers, qui a excité son frère, chanoine, et un autre de son parti, à former cette opposition, qui a été désavouée par le corps du chapitre auquel les habitants n'entendent point donner l'exclusion. Ils tiendront toujours à honneur que les chanoines et les curés soient admis au nombre des conseillers.

Le second moyen allégué par le Comte de Nevers, pour se conserver dans le droit de nomination des officiers municipaux, est l'arrêt du 8 octobre 1638, par lequel il prétend que les princesses Anne et Marie de Gonzague et de Clèves, gouvernantes de ladite ville, ont été confirmées dans le droit de nommer telles personnes qu'elles jugeront à propos, pour exercer les charges royales qui ont été et qui seront établies dans le duché de Nevers, et même de nommer à l'office de procureur du roi et à celui de greffier de l'hôtel-de-ville, créés en 1635.

Les habitants conviennent que les seigneurs, comtes ou ducs de Nevers ont obtenu, par différentes concessions royales, le droit de nommer aux charges, dont les élus leur payent un droit annuel.

Il n'en est pas de même des officiers municipaux de

l'hôtel-de-ville ; ces officiers sont tous à la nomination de la ville de toute ancienneté, et confirmés par les lettres-patentes de Louis XII, du mois de mai 1512, et de Henri II, en 1552. La preuve en résulte des registres des élections. Si quelques-unes de ces charges ont cessé d'être à la nomination de la ville, ce n'a été que lorsque, pour le besoin de l'État, il a plu au roi de les établir à titre d'office. Mais Sa Majesté ayant rétabli les villes dans leurs anciens priviléges, par son édit du mois de juin dernier qui portait suppression des titres ou charges créées en titre d'office, cette ville rentre dans sa première liberté et dans l'ancien usage d'élire tous ses officiers municipaux.

Il résulte de ces moyens si solidement établis :

1° Que les habitants sont et ont toujours été de condition libre, suivant le titre de Guy et Mathilde, de l'année 1231 ;

2° Que le cens que les habitants payaient au comte Guy et à la comtesse Mathilde était une taille que les seigneurs s'étaient arrogée, et dont les rois les ont affranchis ;

3° Que le droit où sont les habitants, depuis six cents ans, d'élire les échevins et officiers municipaux, est incontestable, appuyé de titres authentiques, remontant jusqu'en 1231, confirmés par le roi saint Louis, en la même année, et par Charles, régent du royaume, en 1356 ;

4° Que le comte Guy et la comtesse Mathilde ont engagé tous leurs successeurs aux mêmes serments qu'ils ont faits de ne jamais venir à l'encontre desdits priviléges, et qu'en cas de refus de la part de leurs successeurs, les habitants ne les reconnaîtront point pour seigneurs, jusqu'à ce qu'ils aient prêté ledit serment, et même sous peine d'excommunication, à laquelle Guy et Mathilde se sont soumis, eux et tous leurs successeurs, en cas de contravention ;

5° Que tant les comtes, ducs, baillis de Nevers, que les gouverneurs et lieutenants du roi ont tous confirmé lesdits priviléges, et ont prêté le même serment que le comte Guy et Mathilde, jusque au duc de Nevers, père du Comte actuel, inclusivement, sans contradiction et sans interruption ;

6° Que la manière nouvelle de procéder à l'élection des vingt-quatre conseillers, par les habitants, et par lesdits vingt-quatre conseillers à celle des échevins et officiers municipaux de l'hôtel-de-ville, est conforme aux lettres-patentes de Louis XII, en 1512, et de Henri II, en 1552, qui confirment le droit aux habitants de se choisir vingt-quatre conseillers, tant *élèves* que *licenciés ès-lois, bourgeois, marchands et autres personnages ne faisant pas art mécanique*, pour la nomination des quatre échèvins et autres officiers ; ce qui s'est toujours pratiqué depuis, ainsi qu'il est démontré par les registres de l'hôtel-de-ville ;

7° Que la charge de procureur du fait commun de l'édit de création de 1635, est dans le cas de l'édit de suppression par deux raisons :

D'abord, parce que ladite charge a été supprimée en 1664, ainsi qu'il se voit par les registres de l'hôtel-de-ville de ladite année ; et à moins que le titulaire ne rapporte l'arrêt du rétablissement de la charge, elle est censée être remise au corps de l'hôtel-de-ville comme faisant partie de celles auxquelles il a droit de nommer, n'ayant été loisible au duc de Nevers de donner aux titulaires des provisions de ladite charge supprimée.

Puis, c'est que supposé qu'il y eût un arrêt de rétablissement de ladite charge de procureur du fait commun, celui qui en est titulaire doit encore rapporter la quittance originale de finance de ladite charge de création de 1635, pour faire voir qu'elle n'a pas été remboursée; et jusqu'à ce qu'il la rapporte, quelques provisions qu'ait ledit titulaire des duchesses Anne et Marie de Gonzague et de Clèves, ou du feu duc de Nevers, au lieu et place desquels il est, elle est présumée avoir été remboursée par la ville, qui ne peut en justifier, quant à présent, à cause de la spoliation des titres et des autres pièces faite dans le trésor dudit hôtel-de-ville; auquel cas de rapport de ladite quittance originale de finance, les habitants espèrent de Sa Majesté, pour remettre les choses dans leur premier état, qu'ils seront admis à faire le remboursement de ladite charge, puisque par l'édit du mois de juin, la ville rentre dans la faculté de nommer à ladite charge ainsi qu'aux autres offices municipaux. Sa Majesté a même d'autant plus d'intérêts que cette charge soit remise audit hôtel-de-ville en faisant le remboursement, que cette charge est devenue royale par l'édit de création de 1635.

Le titulaire de l'office de greffier ou de scribe doit pareillement rapporter la quittance originale de finance de 1635, sans quoi elle est sujette à l'édit de suppression de 1717; et s'il la rapporte, la ville offre pareillement de rembourser ladite charge, supposé qu'elle ne l'ait pas été, y ayant eu transaction passée entre le nommé Jaubert, titulaire de la charge, stipulant ledit remboursement.

Ledit Jaubert a reçu plusieurs sommes faisant partie du remboursement de ladite charge, ce qui fait présumer qu'il en a été entièrement remboursé; ce que la ville ne peut pas, quant à présent, justifier à cause de la spoliation des titres de l'hôtel-de-ville.

En dernier lieu, les prétentions du Comte de Nevers n'étant habilitées d'aucuns titres, Sa Majesté n'y aura, s'il lui plait, aucun égard ; et les habitants espèrent que par l'arrêt qui interviendra, elle aura la bonté de les confirmer dans le droit qu'ils ont toujours eu, sans contradictions et sans interruption, de se nommer vingt-quatre conseillers pour gérer les affaires de la communauté ; et les vingt-quatre conseillers dans celui de nommer les quatre échevins et tous les officiers municipaux de l'hôtel-de-ville, en conséquence des lettres-patentes de Louis XII, de 1512, et de Henri II, en 1552, qui les confirment dans les droits et priviléges qu'ils ont de toute ancienneté.

Enfin, pour ce qu'il y a de personnel dans l'élection, c'est à tort que M. le comte de Nevers prétend que Marandat, Millaud, Nicot et Dubois ne sont pas de qualité pour exercer les fonctions d'échevins.

Marandat est officier de bourgeoisie de la ville de Nevers, notable marchand et ancien juge-consul ; il a passé dans d'autres charges de la ville, dont il s'est acquitté dignement. Millaud est ancien procureur de l'élection de Nevers, fils de procureur au présidial de Saint-Pierre, des plus anciennes familles de ladite ville, étant procureurs de père en fils depuis plus de deux cents ans.

Ces deux échevins avaient été élus l'année 1716 par les maire, lieutenant de maire et échevins en titre, assesseurs et autres officiers de l'hôtel-de-ville. On les a continués, comme étant au fait des affaires ; on avait même intérêt de les continuer comme ayant travaillé à l'établissement des casernes pour le logement des deux bataillons du régiment de Touraine, qui sont actuellement en quartier en cette ville ; et l'on émit que, pour rétablir l'ancien usage et le bon ordre, il était à propos de les continuer.

A l'égard de Nicot, il est maître particulier des eaux et

forêts, et Dubois, ancien notaire royal; ils sont tous deux aisés, très-capables de remplir les fonctions d'échevins. C'est sans raison que Nicot prétend être exempt d'exercer la charge d'échevin; et il a moins de droit de prétendre s'en faire exempter que n'en avaient les gentilshommes, commensaux de la maison du roi et officiers de l'élection, qui ont toujours exercé après avoir été élus. Enfin, il n'est pas véritable, sauf respect, que Dubois soit séparé de biens d'avec sa femme.

Les bourgeois osent espérer que toutes ces raisons, appuyées des preuves authentiques, frapperont les yeux de Sa Majesté et de son Conseil, et qu'elle daignera, en approuvant l'élection du 26 septembre dernier, maintenir et assurer les droits et les priviléges de ses fidèles sujets, qui mettent toute leur confiance en sa justice.

ARRÊT DU CONSEIL

DU 9 NOVEMBRE 1717

EN FAVEUR DES ÉCHEVINS DE LA VILLE
DE NEVERS.

Extrait des Registres du Conseil d'État.

VEU au Conseil d'Estat du Roy, l'Edit du mois d'Aoust 1692, portant création d'un Office de Maire et de plusieurs Assesseurs dans chaque Hostel de Ville du Royaume; celui du mois de May 1702, par lequel il a esté créé des Offices de Lieutenant de Maire, pour, en leur absence, exercer et faire les fonctions de leurs Offices; l'Edit du mois de Décembre 1706, portant pareillement création des Offices de Maires et Lieutenans de Maire, alternatifs et mi-triennaux, aux gages, droits et émoluments y attribuez; l'Arrest rendu au Conseil d'Estat le 6 Septembre 1707, sur la Requeste du sieur Comte de Nevers, qui ordonne, qu'en payant par lui la somme de 12,000 livres et les 2 sols pour livre, les Offices de Maire et Lieutenant de Maire alternatifs et mi-triennaux créez par l'Edit du mois de Décembre 1706, pour la Ville de Nevers, avec les gages y attribuez, demeureront unis à la Seigneurie de Nevers, et seront exercés sur la simple nomination dudit sieur Comte de Nevers et de ses Successeurs, par tels des Officiers qu'ils voudront choisir, lesquels, après serment par eux prêtez entre ses mains, jouiront des mesmes droits, priviléges et exemptions que les Pourvûs desdits Offices. Autre Arrest du Conseil, du 10 Novembre 1711, portant qu'au moyen du payement fait par ledit sieur Comte de Nevers, de ladite somme de 12,000 livres, et les 2 sols pour livre pour lesdits Offices de Maire et Lieutenant de Maire alternatifs, ledit Arrest du 6 Septembre sera exécuté, à l'effet de quoy toutes Lettres nécessaires seront expédiées. Lettres Patentes confirmatives desdits deux Arrests donnez à Marly le 30 janvier 1712, adressées au Parlement et à la Chambre des Comptes de Paris, et aux Trésoriers de France de Moulins. Arrest rendu audit Parlement le 9 Avril suivant, qui ordonne l'enregistrement desdites Lettres Patentes, à la charge que ceux qui seront nommez pour exercer lesdits Offices de Maire et Lieutenant de Maire alternatifs, seront tenus de prêter serment et de se faire recevoir au Bureau de l'Hôtel de Ville de Nevers. Acte d'enregistrement desdits Arrests et Lettres Patentes audit Bureau du 4 Décembre 1712, contenant des prestations de serment des sieurs Robichon de la Girondière et Alixand Demaux, pour faire les fonctions desdits Offices. Edit du mois de Juin dernier, qui supprime généralement tous les Offices de Maire, Lieutenant de Maire, Echevins, Consuls, Capitouls et autres y mentionnez, créez depuis le mois de Juin 1690, sans aucune exception, soit que lesdits Offices ayent esté acquis par des particuliers, soit qu'ils ayent esté réünis aux Villes ou Communautez, ou aux Seigneurs des lieux de leur établissement, sans qu'ils puissent estre à l'avenir rétablis pour quelque cause que ce soit ; et ordonne, qu'à commencer au premier Janvier 1718, il en sera usé au sujet de l'élection et nomination des Maires et autres Officiers municipaux, de la même manière, et ainsi qu'il se pratiquoit avant 1690 ; et que les Villes seront administrées et gouvernées comme auparavant la création desdits Offices : dérogeant à cet effet à tous Edits, Déclarations et Arrests à ce contraires. Déclaration de Sa Majesté du 17 Juillet dernier, portant que l'élection desdits Maires et Officiers municipaux sera faite dans lesdites Villes et Communautez, au jour et en la manière qu'elle se faisait avant la création desdits Offices supprimez ; et que les nouveaux Officiers élûs entreront en fonction au jour de leur élection. Qu'à l'égard des Villes et Communautez où l'élection, suivant l'ancien usage, ne devroit estre faite qu'après le premier Janvier, elle se fera dans le mois de Décembre prochain. Arrest du Conseil d'Estat du 28 Aoust de la présente année, qui ordonne que les sieurs Intendants et Commissaires départis dans les Généralitez du Royaume, assisteront eux ou leurs Subdéleguez, pour la première fois seulement, aux Assemblées qui seront convoquées pour l'élection desdits Officiers municipaux, et tiendront la main à ce que les élections se fassent suivant l'usage pratiqué avant la création desdits Officiers supprimez. Acte d'assemblée des habitans de la Ville de Nevers, du 26 de Septembre, convoquez pour procéder à l'élection des Officiers municipaux, en présence du Subdélégué du sieur Intendant, dans laquelle assemblée ils ont nommez quatre échevins. Ordonnance rendue le 4 Octobre dernier, par le sieur Comte de Nevers, qui casse et annule l'élection faite, tant des Conseillers de Ville, que des Echevins, et nomme quatre autres Echevins, au lieu et place de ceux élûs dans ladite assemblée du 26 Septembre. Tout considéré : Oüi, le Rapport ; SA MAJESTÉ EN SON CONSEIL, sans avoir égard à l'Ordonnance du sieur Comte de Nevers du 4 Octobre dernier, qu'elle a cassée et annullée et tout ce qui s'en est ensuivi, a ordonné et ordonne que l'élection faite des Echevins par les 24 Conseillers de la Ville de Nevers, en vertu de la Délibération prise le 26 Septembre précédent, sera exécutée selon la forme et teneur : Fait défenses à toutes personnes de les troubler dans leurs fonctions, à peine de 500 livres d'amende, et de tous dépens, dommages et intérests. Enjoint, Sa Majesté, au sieur Turgot, Intendant de ladite Province, de tenir la main à l'exécution du présent Arrest. FAIT au Conseil d'Estat du Roy, tenu à Paris le neuvième Novembre mil sept cens dix-sept. Signé, DE LAISTRE.

Commission sur ledit Arrest du mesme jour 9 Novembre 1717. Par le Roy en son Conseil, LE DUC D'ORLÉANS Régent, présent.

Signé DE LAISTRE. Et scellée.

Collationné en l'Original en Parchemin, ce fait rendu par Nous Écuyer, Conseiller-Secrétaire du Roy, Maison, Couronne de France et de ses Finances.

Signé BRUNOT.

TROISIÈME SECTION.

RÉPLIQUE DU COMTE DE NEVERS[1].

Le zèle du service de Sa Majesté, et le désir de rendre florissante la ville dont il est seigneur et gouverneur, ont déterminé le Comte de Nevers à ne point souffrir qu'une capitale de province soit gouvernée par les cabales de quelques particuliers qui ne sont point appelés au gouvernement par les règlements.

[1] L'arrêt du 9 novembre 1717, en faveur des échevins et des conseillers, atterra le Comte. C'était, en effet, un coup terrible porté à son autorité ; il le comprit et essaya de le faire comprendre au Roi et à son Conseil. Il prétend d'abord que ceux dont il conteste l'élection n'ont point qualité pour présenter des placets au Roi au nom des habitants de la ville ; il les traite même de cabaleurs et de séditieux ; et, dans une foule de lettres, pièces et mémoires, conservés dans les archives et que je résume dans ce chapitre, il cherche à donner une interprétation à sa guise aux chartes et aux lettres-patentes, pour engager le roi à rapporter son arrêt. Je groupe toutes ces pièces dans la même forme que précédemment.

Les prétendues franchises et libertés que ces particuliers veulent se conserver, ne sont autre chose qu'un esprit d'indépendance concertée contre leurs seigneurs, sous le commandement desquels ils ont toujours été soumis à l'autorité royale, dont ils pourraient s'écarter, si Sa Majesté ne voulait consentir à conserver l'ordre de subordination qui doit exister entre un seigneur et des particuliers qui cherchent à apporter du trouble et du dérangement dans tous les états de la ville.

Le premier titre que ces particuliers produisent est une concession faite aux habitants de Nevers par le comte Guy et la comtesse Mathilde, son épouse, en date du 27 juillet 1231.

Ces particuliers soutiennent, contre toute vérité, que ce titre prouve que les habitants de Nevers ont toujours été de condition libre, et qu'il leur appartient le droit d'élire tous les ans quatre bourgeois pour juger les débats, gérer les affaires de la ville, et lever sur tous les habitants un cens qui serait imposé par lesdits bourgeois, et dont le plus fort n'excéderait pas quarante sols, au profit des seigneurs de Nevers ; enfin que ce cens n'était qu'une espèce de taille que les seigneurs s'étaient arrogée vers le temps de Hugues Capet, et qui fut abolie par l'autorité de nos rois, auxquels appartient seuls le droit d'imposer des tailles sur les peuples.

La lecture de ce titre établit avec évidence que ces particuliers n'ont d'autre dessein que de se soulever contre leur seigneur et gouverneur, et qu'ils ne cherchent que des prétextes spécieux pour établir une indépendance absolue.

Ce titre est un véritable affranchissement accordé aux habitants de Nevers par Guy et la comtesse Mathilde pour toujours, à condition de payer à eux et à leurs successeurs un droit de cens; cet affranchissement n'a été fait par les seigneurs de Nevers que pour rendre la ville plus recommandable. Ils ont remis aux habitants les droits de successions qui leur appartenaient desdits habitants serfs : il n'y a rien, en effet, qui désigne mieux la servitude que l'inhabilité qui résidait en la personne des habitants dans les droits de successions; cela lève toute l'équivoque et jusqu'aux moindres scrupules qu'on veut faire naître, et confirme la vérité de la traduction française qui a été tirée par collation des archives de l'hôtel-de-ville, qui s'explique ainsi : « Lesdits seigneur et » dame ont voulu et ordonné les bourgeois de la ville et cité » de Nevers être francs et de franche condition. » Ces mots : *Notum facimus præsentibus pariter et futuris dilectos nostros burgenses de Nivernis liberæ semperesse conditionis*, sont le véritable affranchissement desdits habitants pour le temps à venir et à perpétuité; et en effet, le terme de *semperesse* désigne le futur et non le passé.

Par ce même titre, les comtes de Nevers donnent plusieurs autres droits et priviléges auxdits habitants; ils déclarent entre autres choses que la ville de Nevers sera gouvernée par quatre bourgeois qui seront élus; et ils se réservent la liberté et la faculté, en cas de plaintes, de réformer lesdits quatre bourgeois sans les mulcter d'amende, s'ils affirment néanmoins qu'ils n'ont point péché par malice. Mais ces bourgeois n'ont jamais été élus que du consentement des seigneurs de Nevers, qui les ont établis.

L'accusation que ces particuliers forment contre les seigneurs de Nevers de s'être arrogé un droit de cens, prouve leur esprit de rébellion, en faisant passer leurs seigneurs pour des usurpateurs. Le droit de cens qu'ils s'étaient réservé sur les habitants est un droit légitime qui était la condition de leur charte d'affranchissement; il n'a été établi que du temps de Louis IX, plus de deux cents ans après le règne de Hugues Capet. Ces particuliers ont mauvaise grâce de dire que ce droit de cens a été aboli par nos rois, dès qu'ils n'en justifient point. On voit même dans le règlement homologué en parlement, art. 29, que les priviléges de la ville seront exécutés, à la charge de faire rapporter devant le lieutenant-général au bailliage de Nevers, le rôle qui se fait d'année en année, pour le droit de bourgeoisie dû au seigneur de Nevers, pour être, ledit rôle, vérifié en la manière ordinaire. Ce qui montre que ces particuliers n'ont aucun ménagement pour leurs seigneurs et bienfaiteurs, dont la mémoire est respectable par leur naissance, par les services signalés qu'ils ont rendus à l'État, et par les bienfaits et priviléges qu'ils ont accordés aux habitants.

Les comptes des revenus de la ville que ces particuliers disent avoir été rendus, depuis 1389 jusqu'en 1512, par le receveur aux échevins, et celui que rendaient les échevins aux habitants, ne peuvent jamais servir de preuve que le droit des habitants dans l'élection des quatre échevins n'ait été subordonné à la volonté et au consentement des comtes et ducs de Nevers, puisqu'ils ont toujours eu le droit de corriger ce qui était fait par les quatre bourgeois qui étaient tenus de rendre compte eux-mêmes de leurs actions et de leurs décisions, en conformité du titre de 1231.

L'acte du 28 mai 1513, produit par ces particuliers, confirme encore les droits des seigneurs de Nevers sur les habitants et sur les échevins, relativement aux élections.

Cet acte démontre qu'à l'occasion des troubles qui eurent lieu dans l'assemblée convoquée pour l'élection des échevins, les habitants furent obligés de crier merci au seigneur de

Nevers et de se rendre au château pour faire l'élection sous son autorité [1].

On voit dans ce même acte que les habitants du plus bas ordre voulaient seuls se rendre maîtres des élections sans être obligés de prendre le consentement des seigneurs et gouverneurs, et sans la participation des principaux et notables habitants, par la résolution qui fut prise dans l'assemblée de poursuivre l'entérinement des lettres-patentes obtenues du Roi, notre Sire, au mois de mai 1512 ; mais ces lettres-patentes qui ordonnent qu'il sera élu six ou huit notables personnages dans chaque quartier de ladite ville, pour faire les élections, n'ont jamais été enregistrées au parlement ni dans aucune cour, parce que les seigneurs et gouverneurs de Nevers y auraient formé opposition pour être conservés dans leur droit de donner leur consentement aux élections des échevins dans lequel ils se sont maintenus,

---

[1] Le compte de Guillaume Galopo nous fournit le premier exemple de l'intervention de l'autorité seigneuriale dans l'élection des échevins. Nous y trouvons qu'en l'année 1415, Bonne d'Artois, voyant de la division dans l'assemblée des habitants, nomma d'office deux échevins. L'intérêt commun réunit les esprits, et la comtesse rendit aux bourgeois les priviléges qu'elle avait jurés.

Nous lisons dans le registre de l'année 1590 (*folio* 82, *verso*), que les habitants s'en rapportèrent totalement au duc Louis de Gonzague et à la duchesse Henriette de Clèves, sur le choix des échevins et du procureur du fait commun. Mais ce fait presque isolé, et qui ne se reproduisit que l'année suivante (*folio* 135) s'explique par les grandes obligations que les habitants avaient à leur seigneur, et par la crainte où l'on était qu'il ne quittât la ville pour un mécontentement qu'il avait reçu d'un des échevins.

En 1675, le Duc de Nevers exigea des habitants qu'ils prissent ses ordres pour la nomination des échevins ; on s'y conforma jusqu'à la création des offices héréditaires. C'était un droit que le duc s'arrogeait de sa pleine autorité. Ce droit n'est point écrit dans la charte de 1231 ; et il ne pouvait pas y être, car il aurait rendu dérisoire l'élection des échevins par les habitants. Cette charte accordait des priviléges aux bourgeois de Nevers ; or, peut-on considérer comme tels l'obligation d'élire les échevins désignés d'avance par le seigneur ?

Les prétentions du Comte actuel pouvaient bien être appuyées sur des antécédents ; mais ces antécédents étaient des usurpations et non des droits.

et même d'établir, pour gouverner, un capitaine supérieur aux échevins.

La preuve que les seigneurs de Nevers, gouverneurs de la province ont toujours eu droit de donner leur consentement dans les élections, n'est point contredite par les extraits des registres des délibérations de l'hôtel-de-ville, produits par lesdits particuliers, dont la première délibération, commencée le 26 septembre 1557, finit par celle du 27 septembre 1679. Pour constater cette vérité, il faut distinguer ces élections en deux temps : dans le premier temps qui a duré jusqu'en 1650, les seigneurs et gouverneurs de Nevers ont presque toujours fait leur résidence dans la ville de Nevers, lieu principal de leur seigneurie et gouvernement; et pour lors avant les élections, les habitants les plus notables allaient par députation au château pour prendre et recevoir leurs ordres avec respect et soumission. Ces députés rapportaient ensuite à l'assemblée la volonté du seigneur, et les bourgeois faisaient leurs élections conformément à ses désirs. Dès qu'ils s'en écartaient, ils étaient mandés au château pour y faire les élections en présence et du consentement des seigneurs et gouverneurs, suivant que le tout est rapporté dans ledit acte du 28 mai 1513 ; même on voit par un autre acte du 12 août 1568, que Ludovic de Gonzague a nommé et institué un gouverneur dans ladite ville de Nevers, pour maintenir son autorité et gouverner ladite ville en son absence, étant obligé de partir pour le service du roi. Il y a plus, les comtes de Nevers étaient en droit d'instituer, pour gouverner la ville, des capitaines, auxquels les échevins devaient obéir. Le duc de Brabant, comte de Nevers, a nommé à cet emploi, le 12 août 1489, Jean Damas, à la place de Jean de Champdeau; Ludovic de

Gonzague a nommé, pour gouverneur, le sieur de Billy, le 12 août 1568 ; ensuite il a nommé, pour capitaine, Michel Dulys à la place du sieur de La Plattière, le 13 décembre 1576 ; le sieur de La Nocle fut nommé à la place du sieur Dulys, le 31 juin 1598 ; et les provisions de ces capitaines étaient adressées aux échevins auxquels il était mandé d'obéir auxdits capitaines ; par conséquent, il est prouvé dans ce temps, que les seigneurs, indépendamment des élections faites de leur consentement, ont institué des officiers pour gouverner ladite ville de leur propre autorité. Dans le second temps, il faut encore distinguer l'époque de la minorité de feu M. le duc de Nevers d'avec celle de sa majorité.

Pendant sa minorité, M. de Colbert, ministre d'état, et M. de Lamoignon, premier président au parlement, étaient ses tuteurs honoraires. Pendant ce temps de minorité, les habitants de la ville de Nevers n'ont jamais fait ni entrepris aucune élection sans le consentement ni la participation de M. de Colbert et sans ses ordres.

Ce fait est prouvé par la vingt-unième pièce produite par lesdits particuliers, en date du 25 septembre 1661, extraite d'un registre commencé en 1655, folio 300, par laquelle il paraît que les échevins et les vingt-quatre conseillers de ville n'ont rien voulu faire ni entreprendre sans la participation de M. de Colbert, sur le fait de l'élection du procureur du roi de l'hôtel-de-ville, qui fut remise, parce qu'ils n'avaient reçu sur cette élection aucun ordre précis ; il est donc certain qu'il n'y a jamais eu d'élection faite sans le consentement des seigneurs de Nevers ou de leurs tuteurs.

Pendant le temps de majorité de feu M. le Duc, les habitants de la ville de Nevers lui ont toujours écrit avant les élections des échevins, pour recevoir ses ordres sur le choix des personnes qu'il estimait propres à gouverner la ville en qualité d'échevins. Il est fait mention dans les registres, depuis 1675 jusqu'en 1696, des élections qui ont été faites de son consentement et en vertu de ses ordres par écrit; cela se voit dans les registres de l'hôtel-de-ville, à commencer depuis le 26 septembre 1675 jusqu'au temps du décès de feu M. le Duc et gouverneur de la province de Nivernois.

La seule différence qui se trouve dans les registres, c'est que dans les temps où les seigneurs ducs et gouverneurs demeuraient dans la ville de Nevers, on ne faisait point mention sur les registres de leurs ordres, avis et consentement, parce qu'ils n'en donnaient aucun par écrit; au lieu que feu M. le duc de Nevers n'ayant point demeuré dans son duché et gouvernement, il était obligé de donner des ordres par écrit, et il fallait en faire mention dans les actes de nomination et d'élection des échevins, pour justifier que les seigneurs et gouverneurs avaient influé dans les élections, conformément à l'usage ancien, afin de les rendre valides.

Le judicieux Coquille, dans son *Histoire du Nivernois*, après avoir dit que la ville de Nevers est gouvernée par quatre échevins, qui sont élus chacun an le dimanche avant la fête Saint-Michel, remarque dans la suite du même chapitre que les échevins sont établis sous l'autorité du comte ou duc de Nevers; ce qui démontre que l'autorité des comtes ou ducs de Nevers et leur consentement ont toujours été nécessaires dans les élections pour élire et choisir les plus notables habitants, pour empêcher la brigue dans les élections et le choix qu'on aurait pu faire des personnes qui n'ont ni l'esprit ni les qualités requises et nécessaires pour gouverner une ville capitale.

L'édit du mois de juin 1717 et l'arrêt rendu en conséquence, le 28 août dernier, ordonnent que les élections des échevins seront faites suivant l'usage pratiqué avant la création des officiers supprimés; ainsi, il est juste, aux termes de cet édit, que le Comte de Nevers, gouverneur de la province, rentre dans les droits qui ont appartenu à son père avant et depuis 1690, et desquels ses prédécesseurs, comtes, ducs et gouverneurs, ont toujours joui. Ce droit a même été reconnu si légitime, que les officiers de ville, avant l'élection du 26 septembre dernier, ont prié le Comte de Nevers, par une lettre missive, de vouloir leur indiquer des sujets pour remplir les places d'échevins ; ainsi le Comte de Nevers n'a usé que de son droit en marquant ses volontés par sa lettre missive du 20 septembre dernier.

Toute l'assemblée, après avoir pris lecture de cette lettre, en demanda l'enregistrement, qui fut fait de l'ordonnance du subdélégué de M. l'Intendant en la généralité, qui présidait à ladite assemblée.

Il n'y a personne de bon sens qui n'eût pensé que toute cette assemblée, ayant demandé cet enregistrement, avait accepté le choix fait par le Comte de Nevers; mais les prétendus vingt-quatre conseillers de ville, s'étant retirés de l'assemblée pour entrer dans la chambre des consuls qui est voisine, revinrent après avoir cabalé, et déclarèrent qu'ils ne voulaient avoir aucun égard à la lettre missive qui était enregistrée.

Y a-t-il rien de plus injurieux que d'écrire à un seigneur, que de faire enregistrer ses intentions, pour ensuite les mépriser. Le Comte de Nevers espère que Sa Majesté ne souffrira point en sa personne un mépris si outrageant.

Ces particuliers, qui ne veulent aucune subordination, ont mauvaise grâce de vouloir insinuer que ce sont les officiers du Comte de Nevers qui le font agir; c'est le langage ordinaire des rebelles qui cherchent des prétextes pour excuser leurs séditions.

Le Comte de Nevers n'a usé que des droits dont ses prédécesseurs ont joui, et sur lesquels les officiers de ville l'ont excité par la lettre missive qu'ils lui ont écrite avant l'élection; laquelle lettre n'est pas même signée des officiers que le Comte de Nevers avait dans l'hôtel-de-ville. En un mot, on ne peut rien voir de plus méprisant pour un seigneur que de l'engager à user d'un droit qu'on reconnaît en sa personne, pour ensuite le mépriser.

C'est ce qui a déterminé le Comte de Nevers, en suivant l'exemple de ses prédécesseurs, sur les plaintes rapportées dans le mémoire précédent, qui lui furent adressées sur cette élection, de rendre l'ordonnance du 4 octobre dernier qui annule toutes les élections faites le 26 septembre, comme contraires aux réglements anciens et à l'usage de la ville de Nevers. Cette ordonnance est conforme à un réglement rendu par Ludovic de Gonzague, l'un des princes les plus sages de ce siècle et qui aient plus mérité de la religion et de l'Etat, et à ce qui a été fait par feu M. le duc de Nevers à l'élection des échevins de l'année 1696; car il paraît, par une ordonnance rendue le 8 juillet 1466, que Philibert Boutillac, grand bailli du Nivernois, pour et au nom du Comte de Nevers, confirma trois échevins qui étaient contestés; que par une autre ordonnance du

14 avril 1468, il en confirma deux autres, au nom dudit seigneur Comte de Nevers.

Par un autre acte du 8 janvier 1575, Ludovic de Gonzague ayant assemblé dans son conseil les vingt-quatre conseillers de ville, régla de son autorité le rang et les préséances des échevins, déchargea le sieur Cotignon de l'état et de l'emploi d'échevin, et ordonna qu'il en fût nommé un autre à sa place [1]; et par un autre ordre de 1696, il est ordonné par feu M. le duc de Nevers que Michel Cornu, qui avait été élu échevin, et qui n'était pas jugé par M. le duc de Nevers avoir les qualités requises, fût par lui destitué de cette charge et qu'on en nommât un autre à sa place; ce qui fut exécuté.

Ces seigneurs n'ont usé que des droits de supériorité qu'ils s'étaient réservés sur les échevins, et le Comte de Nevers n'a suivi que les exemples de ses prédécesseurs.

Il est vrai que Sa Majesté, sur une simple requête présentée par des particuliers, et sans avoir approfondi les règlements et usages anciens, a rendu un arrêt par défaut qui casse et annule l'ordonnance du Comte de Nevers, et confirme les élections du 26 septembre dernier.

Le Comte de Nevers, attentif aux intérêts de Sa Majesté, à la conservation des anciens droits et privilèges qui lui appartiennent, et au maintien des anciens règlements et usages de ladite ville, dont ses prédécesseurs et lui ont toujours été les protecteurs, a cru devoir remontrer que ces élections sont vicieuses, soit parce que les formalités ordinaires n'ont point été observées, soit à cause que les particuliers choisis n'ont point les qualités requises pour

---

[1] Voir la note de la page 82.

aspirer à la magistrature dans une ville capitale, et que ces élections, faites par cabales, blessent l'ordre public et la subordination que lesdits particuliers doivent avoir pour leur seigneur et gouverneur.

Ces particuliers n'ont jamais fait attention aux droits que le Comte de Nevers prétend dans les élections; ils ont agi d'une manière extraordinaire, et ils veulent faire croire que les prétentions du Comte de Nevers sont exorbitantes, qu'il veut nommer d'autorité et ôter la liberté des élections.

Le Comte de Nevers ne revendique point le droit de nommer les vingt-quatre conseillers de ville; il se plaint seulement de ce que le règlement de 1512 fait par les habitants, et les anciens usages n'ont point été observés, les plus notables personnages de chaque quartier, devant être choisis pour vingt-quatre conseillers, aux termes de ce règlement.

La ville de Nevers est composée de quatre quartiers. Il y a dans ces quartiers un chapitre considérable composé de quarante chanoines, plusieurs gentilshommes, des officiers du bailliage et pairie, des officiers de l'élection, des officiers de la chambre des comptes, des officiers de la maîtrise royale des eaux et forêts ducales, et des officiers du grenier à sel; cependant, dans l'élection qui a été faite des vingt-quatre conseillers, il n'y a aucun de ces notables personnages qui sont les plus apparents dans chaque quartier; il est donc facile de concevoir que cette élection n'est point conforme au règlement, et qu'elle n'a été faite que par les brigues et les cabales du menu peuple; et, en effet, la plupart des vingt-quatre conseillers de ville prétendus ne sont que des marchands, tous parents et amis, tels que sont les sieurs Chastellain, Chambrun, Faure, Gautier, marchands, qui sont entre eux beaux-frères ; Rousset et Syrot, oncle et neveu ; Barleuf, marchand épicier, beau-frère de Millaud, et les sieurs Vincent, curé de Saint-Etienne, et Vincent de Marcé qui sont frères ; il n'y a presque que quatre familles qui composent les vingt-quatre conseillers, ce qui est un abus intolérable, par rapport aux exemptions ou diminutions que ces familles se procureront dans les charges publiques, à l'oppression des autres habitants. Un autre abus excessivement grave, c'est que lesdits Faure, Chambrun et Gautier, beaux-frères, ont mis en leurs noms la ferme des octrois de la ville, contre la disposition des réglements qui ne permettent point aux officiers de ville de prendre les revenus à titre de ferme.

Mais il y a plus, c'est que l'esprit de cabale a tellement régné dans l'élection des vingt-quatre conseillers, qu'on a même omis de nommer, suivant l'usage ancien, deux chanoines qui sont conseillers-nés, comme appartenant au principal corps de ville. Le Comte de Nevers a lieu de croire que Sa Majesté approuvera les remontrances qu'il fait touchant cette élection ; il est, en sa qualité de seigneur et gouverneur, le protecteur des réglements et des anciens usages de ladite ville ; il ne doit donc point souffrir que, par cabale, des familles entières se rendent maîtresses d'une ville capitale, au préjudice des plus notables personnages qui sont appelés à gouverner par les réglements ; voilà où se réduit la prétention du Comte de Nevers, par rapport aux élections des vingt-quatre conseillers de ville.

En ce qui concerne le droit que le Comte de Nevers a dans la nomination des échevins, en sa qualité de seigneur et gouverneur, il est tel que les seigneurs et gouverneurs de Nevers ont toujours influé dans l'élection des quatre échevins, c'est-à-dire que les habitants ont toujours demandé l'agrément des seigneurs de Nevers dans les élections qui doivent se faire d'un consentement mutuel.

L'acte délibératoire du 25 septembre 1664, et toutes les élections faites depuis 1675 jusqu'en 1696, temps du décès de feu M. le duc de Nevers, aussi bien que la lettre écrite au Comte au mois de septembre dernier, sur le fait de l'élection dernière, sont des preuves qui ne peuvent souffrir aucun contredit légitime. Cette forme d'élection, qui s'est toujours pratiquée dans la ville de Nevers, n'ôte point le droit que les vingt-quatre conseillers de ville ont de se nommer quatre échevins, puisqu'ils doivent concourir avec le seigneur et gouverneur à la nomination qui doit être faite d'un commun consentement ; mais aussi il n'y a rien de plus facile que de confirmer le droit qui appartient au Comte de Nevers dans cette élection ; il prend sa source et son origine dans l'affranchissement qui a été accordé aux habitants de ladite ville, et dans le droit de succession qu'ils ont les uns envers les autres. Il est donc juste que ces habitants, qui ont reçu de si grands bienfaits et autres franchises et libertés, exécutent les conditions qui leur ont été imposées par le même titre, et qu'ils reconnaissent des droits que les seigneurs de Nevers se sont réservés sur les habitants, et dont ils ont toujours joui.

On n'a pas raison de dire que toutes les lettres écrites par feu M. le duc de Nevers, ne sont que de simples invitations ou des prières faites aux habitants : c'est tomber dans l'égarement que de tenir un pareil langage ; il est contraire aux titres produits, par lesquels il paraît que les seigneurs de Nevers ont toujours eu droit de supériorité sur les échevins, que ces derniers ont toujours exécuté leurs ordres avec soumission, et même que dans les temps où lesdits seigneurs comtes et ducs de Nevers s'absentaient pour le service de Sa Majesté, ils nommaient des capitaines ou gouverneurs, auxquels lesdits échevins, manants et habitants devaient l'obéissance, conformément aux titres de 1489, 1568, 1576 et 1598.

Les ordonnances de Blois et de Louis XIII, qui font défense à tous seigneurs et autres personnes de s'immiscer dans l'élection des échevins, ne conviennent point à la ville de Nevers, où les seigneurs et gouverneurs se sont réservé le droit de concourir aux élections, et celui de supériorité sur les échevins par un titre particulier de priviléges considérables qu'ils ont attribués et concédés aux habitants sous cette condition, sans laquelle les seigneurs, comtes et ducs de Nevers, ne se seraient pas départis des droits de servitude et de succéder aux habitants. Ce titre ayant été exécuté de bonne foi, on ne peut priver le Comte de Nevers des droits qu'il a dans les élections, qu'en privant les habitants des affranchissements et autres priviléges qui leur ont été accordés; mais il y a lieu d'espérer que Sa Majesté confirmera ce titre dans toutes ses parties, et qu'elle ne souffrira pas que lesdits habitants s'écartent de leurs devoirs les plus essentiels.

Les prétendus échevins et conseillers de ville veulent insinuer que l'opposition du chapitre de Nevers auxdites élections, est l'ouvrage du sieur Alixand, officier du Comte de Nevers, qu'ils accusent d'avoir excité son frère, chanoine et un autre de son parti, à former cette opposition qu'ils disent avoir été désavouée par le chapitre. Il n'y a rien de plus fabuleux que cette objection; elle n'a pour objet que l'imposture et le mensonge.

En effet, l'opposition du chapitre a été formée en vertu d'une conclusion capitulaire, à laquelle le sieur Alixand, chanoine, n'a point assisté, étant pour lors absent de la ville de Nevers.

La lecture de cette conclusion fait sentir le caractère desdits particuliers. Les chanoines nommés pour l'exécution de cette délibération étaient les sieurs Gacoin et Leblanc ; la lecture des actes confirme ces vérités, et de là, il résulte qu'on ne doit ajouter aucune foi à tout ce qui est dit par ces particuliers qui n'agissent que par inimitié, passion et vengeance, dont ils veulent faire le sieur Alixand la victime, à cause qu'il a l'honneur d'être un des principaux officiers du Comte de Nevers.

C'est dans cette même idée que lesdits particuliers ont affecté de ne point dénommer les noms des conseillers de ville dans les extraits des registres qu'ils ont tirés, parce qu'on aurait vu que parmi les vingt-quatre conseillers, il y a toujours eu des chanoines ; et qu'ils ont aussi affecté de ne point comprendre dans leurs extraits les nominations entières telles qu'elles sont écrites sur les registres depuis 1674, parce qu'elles se trouveraient toutes dans la même forme que celle de 1675, dont la minute est restée en feuille volante entre les mains du secrétaire de l'hôtel-de-ville, qui en a fourni une expédition.

Il n'y a rien de plus avantageux à Sa Majesté que de confirmer le Comte de Nevers dans les droits dont ses prédécesseurs ont joui, parce qu'il tiendra la main à l'exécution des règlements ; il ne souffrira point qu'on mette en place des échevins qui n'ont ni les qualités requises ni une capacité suffisante pour gouverner une ville aussi considérable que celle de Nevers ; il aura attention, comme ses prédécesseurs, que ce soit les gens les plus notables et les plus solvables pour répondre du maniement des deniers publics, étant d'ailleurs juste que ceux qui sont appelés à la magistrature aient le consentement du Comte de Nevers, en faveur de tant de bienfaits et priviléges qui ont été accordés aux habitants.

On ne s'arrêtera point à entrer dans un plus long détail de l'inhabilité qui réside dans les sujets nommés le 26 septembre dernier ; leur qualité est suffisamment établie par le premier mémoire du Comte. Marandat ne doit point se prévaloir de la qualité d'officier de bourgeoisie qu'on lui donne, elle n'apporte aucun changement dans la profession qu'il exerce journellement.

Par rapport à l'incapacité des autres échevins, elle est suffisamment marquée dans le même mémoire.

Le prétexte dont on se sert, de ce que lesdits Marandat et Millaud se sont trouvés échevins en l'année 1716, est celui qui les devait exclure de la magistrature ; ils n'avaient été élus et choisis que parce qu'ils étaient précédés par six officiers en titre qui remplissaient la magistrature, et parce qu'ils avaient pourvu aux casernes des deux bataillons qui devaient arriver ; de manière que ces deux échevins n'étant point de la qualité marquée par le réglement de 1512, pour être à la tête du corps de ville ni échevins, ils ne pouvaient être continués pour remplir des places qui n'appartiennent qu'à un officier ou gradué, ou à un notable bourgeois.

Dans ces circonstances, le Comte de Nevers espère que Votre Majesté lui conservera ses droits ; et il demande à ce qu'il lui plaise, ayant égard aux titres produits, aux réglements et usages anciens de la ville de Nevers, ordonner qu'ils seront exécutés selon leur forme et teneur ; et, en conséquence, le recevoir opposant à l'arrêt du 9 novembre dernier, et faisant droit sur l'opposition, déclarer l'élection des vingt-quatre conseillers de ville nulle et de nul effet, et, en ce faisant, ordonner que les habitants s'assembleront de nouveau au lieu accoutumé pour nommer dans chacun quartier de ladite ville les personnages les plus notables, du nombre desquels il sera élu deux chanoines, des gentilshommes, officiers, licenciés ès-lois, gradués et autres notables, avec défense auxdits habitants de nommer plusieurs personnes d'une même famille ; comme aussi, déclarer l'élection faite des quatre échevins, ledit jour 26 septembre dernier, nulle et de nul effet ; et par provision, sans tirer à conséquence, ordonner que les sieurs de Villards du Chaumont, licencié ès-lois, et Moisy, feront fonction de premier et second échevin, l'année 1718 seulement ; et le sieur Dollet, licencié ès-lois, et Follereau, de troisième et quatrième échevin, pour deux années, suivant l'usage ancien ; et ordonner à l'avenir que les élections d'échevins se feront sous les ordres du Comte de Nevers, et qu'il sera nommé par chacun an deux échevins, dont le premier sera toujours officier ou licencié ès-lois ou gradué, et le second, notable bourgeois ou marchand en gros, alternativement, sans qu'il en puisse être nommé d'autres qualités, en conformité desdits réglements, sous peine de nullité desdites élections.

QUATRIÈME SECTION.

RÉPLIQUE DES ÉCHEVINS ET CONSEILLERS[1].

L'élection du 26 septembre dernier, que Sa Majesté vient de ratifier par son arrêt en date du 9 novembre, a été faite régulièrement d'après la charte de 1231 et les lettres-patentes de 1512 et 1552. Ce n'est donc pas en leur nom privé, mais au nom de la communauté tout entière, que les échevins et les conseillers supplient très-humblement Sa Majesté de vouloir bien les confirmer dans leurs franchises et immunités, dont ils sont en possession depuis plus de

---

[1] Cette réplique n'a point été adressée au Roi dans la forme que nous lui donnons ici. Je n'ai trouvé à ce sujet que des notes, des lettres particulières ou des réponses volantes aux allégations du Comte. J'ai tout réuni comme précédemment, et j'ai donné à toutes ces notes la forme d'un mémoire. Je me suis surtout appliqué à renfermer dans cette quatrième section toutes les raisons qui pouvaient militer en faveur de la commune. On pourrait au besoin la considérer comme le résumé complet de la discussion qui nous occupe.

six cents ans, et les protéger contre les injustes prétentions du Comte de Nevers.

Les habitants auront d'abord l'honneur de faire observer au Roi, que les communes des villes ne dépendent point des seigneurs particuliers, qu'elles ne sont responsables de toutes leurs affaires qu'à leur souverain ou à ses officiers, et qu'elles ne doivent obéir directement qu'à lui. Ducange s'exprime ainsi à ce sujet, à la fin du premier volume de son histoire : *Unde Ludovicus VII reputabat civitates omnes suas esse in quibus communia essent.... Nec injuria, cum eo ipso deinceps oppidorum incolæ quodammodo a dominorum dominio absoluti regi ipsi directe parerent...*, et il ajouta plus bas : *inter communia vero jura præcipua recensentur scabinatus, collegium, sigillum, campana, berfredus et jurisdictio*, etc., suivant un arrêt de 1322. Ce qui fait voir que les échevins et les autres officiers qui dépendent des communes ne sont point soumis, tant pour l'élection que pour la juridiction, aux seigneurs particuliers, mais uniquement à Sa Majesté. Les lettres-patentes de Louis XII sont une preuve frappante de cette vérité ; elles font bien voir que ces officiers sont royaux, institués selon le désir des rois, quoique la durée de leur charge ne soit que de deux ans, et qu'ils ne doivent avoir pour but principal que d'obéir à leur souverain dans toutes leurs fonctions. L'intérêt du service de Sa Majesté est du reste étroitement lié à leur indépendance.

Le Comte de Nevers a parfaitement bien reconnu lui-même ce droit dans sa lettre du 10 août dernier : *Ce que je demande, dit-il, n'ôte point aux habitants le droit qu'ils ont toujours eu de se choisir quatre échevins* [1]. Cet aveu

---

[1] *Voir* la lettre du Comte, insérée textuellement à la page 18.

sincère lui a été dicté par l'acte du 18 janvier 1575, qu'il a produit lui-même.

Dans cet acte, Ludovic de Gonzague reconnaît aux bourgeois, d'après les chartes et les priviléges octroyés par les rois et les seigneurs ses prédécesseurs, le droit de nommer les vingt-quatre conseillers, et à ceux-ci celui d'élire les quatre échevins.

Il paraît, par cette pièce, qu'il s'agissait d'un débat sur le droit de préséance entre les échevins de la première et ceux de la deuxième année, et d'une discussion au sujet de Guy Cotignon, écuyer, élu échevin, qui voulait se faire exempter de l'échevinat, sous prétexte qu'étant maréchal-des-logis de la reine et secrétaire du duc de Nevers, il n'en pouvait exercer les fonctions. Les échevins et les conseillers, après une mûre délibération, s'en rapportèrent au jugement de leur seigneur qui donna la préséance aux échevins de première année, et déchargea Guy Cotignon de son titre d'échevin, ordonnant qu'il en serait élu un autre en son lieu et place par les conseillers. Ainsi l'induction que prétendent tirer de cet acte les agents du Comte de Nevers, que les seigneurs avaient autrefois une autorité sur les conseillers et les échevins, se détruit par l'acte lui-même, attendu qu'il ne s'agit uniquement que d'un jugement arbitral rendu par le seigneur Louis de Gonzague.

Aussi les agents du Comte de Nevers, convaincus tant par les lettres-patentes de Louis XII que par l'acte du 8 janvier 1575, que le droit de nommer les vingt-quatre conseillers appartient aux seuls habitants, et aux vingt-quatre conseillers celui de nommer les quatre échevins, l'ont fait changer de langage dans sa réplique.

Ils déclarent pour lui qu'il ne revendique point le droit de nommer les vingt-quatre conseillers, mais qu'il se plaint de ce que le réglement de 1512 n'a pas été observé dans l'élection du 26 septembre. Toutefois ils se contentent d'avancer le fait, sans apporter à l'appui la moindre raison. Pour nous, il nous sera facile de prouver, au contraire, que l'élection s'est faite conformément à ce réglement et aux chartes qui constituent les droits et les priviléges de la commune.

En effet, aux termes des lettres-patentes de Louis XII [1], les habitants ont la liberté de se choisir pour conseillers *des clercs, des licenciés ès-lois, des bourgeois, des marchands, et non gens faisant art mécanique* : voilà en abrégé le précis

---

[1] Avant les lettres-patentes de Louis XII, tous les habitants, bourgeois, artisans et même les ecclésiastiques, se rendaient aux assemblées pour faire l'élection des quatre échevins. Une charte de 1359 nous fait connaître que, jusqu'à l'époque où l'on construisit un hôtel-de-ville, c'était au chapitre de l'abbaye de Saint-Martin que se tenaient les assemblées et que se prenaient les délibérations. La première *Maison-de-Ville* fut établie, au milieu du quinzième siècle, dans la rue des Merciers, près du Jeu de Paume, sur l'emplacement d'un ancien hôpital; mais la première assemblée ne s'y tint qu'au mois d'octobre 1483.

Comme tout le monde était admis aux délibérations, le désordre ne tarda pas à s'y introduire. En l'année 1507, les artisans et gens de métier, voulant se donner des échevins à leur gré, se portèrent à de graves excès qui obligèrent le bailli de Saint-Pierre-le-Moûtier de se rendre à Nevers et de commettre trois personnes à l'exercice de l'échevinage. En 1511, les habitants délibérèrent qu'il fallait se pourvoir au Roi et obtenir un réglement. Le Comte, irrité, fit maltraiter les échevins qui avaient osé recourir à l'autorité souveraine ; une transaction eut lieu toutefois le 27 avril 1511, portant que les habitants continueraient d'élire chacun an, selon la coutume, telles personnes qu'ils voudraient pour échevins. C'est pour répondre au vœu des habitants, que Louis XII justement appelé le *Père du peuple*, donna ses lettres-patentes, datées du mois de mai 1512, qui réglèrent d'une manière définitive le mode d'élection des quatre échevins par la création des vingt-quatre conseillers; ce n'était autre chose que l'élection à deux degrés. Charles de Clèves, comte de Nevers, s'opposa à l'enregistrement de ces lettres-patentes, prétendant qu'elles blessaient son autorité. Mais François de Clèves, son fils, ayant donné son consentement, le roi Henri II, par de nouvelles lettres-patentes du 21 mai 1552, ordonna l'exécution des premières.

Nous voyons par ces faits combien encore, au commencement du seizième siècle, l'autorité seigneuriale était indépendante de la couronne ; ils nous montrent aussi les efforts que faisaient déjà les habitants de la ville pour maintenir les priviléges que les chartes antérieures leur avaient accordés.

de ces lettres pour ce qui concerne les conseillers. Or, il est évident que les habitants s'y sont conformés, puisqu'on ne peut citer aucun des conseillers élus qui exerce *un art mécanique*; ces conseillers sont des curés exemplaires et d'une probité reconnue, des avocats, des officiers de la maréchaussée, des officiers de bourgeoisie, des notaires, des procureurs, des bourgeois et des marchands.

L'assemblée du 26 septembre a été des plus nombreuses et des plus régulières. Les habitants, qui avaient en horreur le pouvoir despotique des officiers en titre de la maison-de-ville, ont témoigné par leur nombre toute leur joie pour le rétablissement de cette nouvelle administration. Cette assemblée avait été convoquée et a été présidée par Robichon et Alixand, maire et lieutenant de maire alternatifs, et officiers du Comte. Tout s'y est passé dans le plus grand ordre, et non-seulement les notables bourgeois de la ville, mais même Robichon et Alixand ont donné leurs suffrages à la plupart des conseillers élus. La prétendue cabale dont on parle n'existe que dans l'imagination des agents du Comte, qui, chagrins de n'avoir pu réussir dans leur projet de se perpétuer à l'hôtel-de-ville dans des vues intéressées, ont surpris à la bonne foi de leur protecteur l'ordonnance du 4 octobre dernier. Ils espéraient sans doute, par leurs menées, ressaisir un pouvoir qui leur échappait; mais Sa Majesté, par son arrêt du 9 novembre qui maintient l'élection des conseillers et celle des échevins, a su rendre vaines toutes ces tentatives.

Ces élections ne peuvent donc être attaquées par des moyens solides. Aussi, les agents du Comte en imaginent-ils de toutes les façons, les uns plus ou moins curieux que les autres.

Ils disent d'abord que parmi les conseillers élus il se trouve deux frères, trois beaux-frères, un oncle et un neveu. Ils prétendent ensuite que l'absence absolue de deux membres du chapitre suffit seule pour nécessiter une nouvelle élection.

La première objection n'a pas la moindre portée. Les habitants ont en effet l'honneur de faire observer à Sa Majesté, que ce n'est pas la première fois qu'on trouve plusieurs parents assez rapprochés parmi les conseillers de ville. Les registres publics en font foi. Du reste, les élections se font simultanément, à la même heure, dans les quatre quartiers de la ville. Or, celui qui nomme un conseiller dans son quartier, ne sait pas si les habitants d'un autre quartier nomment les parents de celui en faveur duquel il a émis son suffrage. Les électeurs ne sont préoccupés que de la seule pensée de se choisir des personnes habiles, prudentes et d'une probité reconnue.

La seconde objection n'a pas plus de fondement. L'élection ne pouvait se faire que suivant les lettres-patentes de Louis XII, qui les a constituées. Or, ces lettres ne parlent pas même des ecclésiastiques; le mot de *clerc* dont elles se servent peut aussi bien s'appliquer aux curés qu'aux chanoines, et laisse aux habitants leur pleine et entière liberté.

Ce premier chef établi, que les conseillers nommés par les habitants le 26 septembre dernier sont tous selon le règlement de 1512, il ne s'agit plus que de savoir si les conseillers ont le droit d'élire les quatre échevins et les officiers municipaux de l'hôtel-de-ville, sans la participation du Comte, ou s'ils doivent recevoir ses ordres et se conformer à ses volontés.

Les habitants ont suffisamment établi dans leur premier mémoire, que les conseillers étaient en droit et en possession de nommer tous les officiers municipaux de l'hôtel-de-ville, et qu'ils l'avaient toujours fait sans contestation aucune depuis les lettres-patentes de Louis XII. Ils ont fait voir qu'avant ces lettres-patentes les quatre échevins étaient élus chaque année par la voix commune du peuple, en vertu des privilèges accordés par Guy et Mathilde en 1231 : *Quatuor burgenses qui a communitate villæ singulis annis eligerentur*. Enfin, ils ont démontré que les lettres-patentes de Louis XII et de Henri II transfèrent aux conseillers élus par la communauté le droit d'élire les quatre échevins et autres officiers.

Le Comte n'a rapporté jusqu'à présent aucune concession des rois qui ait dérogé à ces lettres-patentes. Il est donc évident que, s'il y a eu dans la suite quelque dérangement dans les élections des échevins et des officiers municipaux, ce n'a pu être que par un abus qui ne peut constituer un droit.

Pressés par tant de preuves si concluantes, les agents de M. le Comte lui font dire maintenant qu'il ne prétend point ôter le droit des conseillers à l'élection des quatre échevins, puisqu'ils doivent concourir avec le seigneur à la nomination, qui doit être faite d'un commun consentement.

Il y a loin de ce langage à celui qu'ils lui prêtaient jadis, quand ils lui arrachaient l'ordonnance de cassation qui annulait toutes les élections, tant des conseillers que des échevins : ils ont sans doute fini par comprendre que ce paradoxe est insoutenable et qu'ils ne peuvent l'appuyer d'aucun titre solide.

Cependant, il y a une espèce de contradiction dans leurs

nouvelles prétentions, à savoir que les conseillers doivent concourir à l'élection des échevins, avec le seigneur, d'un commun consentement. En effet, si leur nouvelle assertion pouvait être vraie, le droit que le Comte attribue aux conseillers de ville serait imaginaire ; son consentement étant impérieusement exigé, ce ne serait plus un droit.

Pour soutenir cette absurde prétention, le Comte avance que les habitants de Nevers étaient anciennement serfs, et que, n'ayant été affranchis qu'à cette condition, les seigneurs se sont réservé par là un droit de supériorité dans l'élection des quatre échevins. Il prétend en second lieu que, lorsque les seigneurs faisaient leur résidence à Nevers, avant de procéder à l'élection, les habitants envoyaient une députation au château pour connaître leur volonté, et que depuis qu'ils n'y ont plus fait leur résidence, le conseil de ville a toujours écrit aux seigneurs pour requérir leur consentement ; et, à cet effet, il produit une lettre à lui écrite le 5 septembre par quelques officiers en titre de l'hôtel-de-ville, et l'acte tiré des registres de l'an 1661, qui semble constater que le conseil de ville n'a pas voulu nommer à la charge de procureur du fait commun, sans la participation de M. de Colbert, tuteur honoraire de feu M. le duc de Nevers, et il tire cette induction que les conseillers n'ont jamais nommé les échevins sans avoir requis auparavant le consentement des seigneurs. Enfin il ajoute que les comtes ou ducs de Nevers avaient le droit d'instituer en leur absence des capitaines pour gouverner la ville, et il en conclut que ces capitaines avaient droit d'influer dans la nomination des échevins, comme représentant la personne des comtes ou ducs. Il produit à cet effet trois pièces des années 1566, 1568 et 1598, et deux prestations de serment, l'une de

1466 et l'autre de 1468. Toutes ces pièces ne sont d'aucune considération.

Les habitants ont toujours été de condition libre. La traduction française produite par les agents du Comte, répugne tant au texte latin dudit titre, qu'à la traduction qui en a été faite sur l'original par l'ordre du seigneur Louis de Gonzague, en 1566 [1].

Voici la traduction des agents du Comte : *Les seigneur et dame ont voulu et accordé les bourgeois de la ville de Nevers être francs et de libre condition.* La traduction qui se trouve à l'hôtel-de-ville, et qui est revêtue des armes des seigneurs de Gonzague, est ainsi conçue : *Je Guy et Mathilde......, faisons savoir à tous présents et à venir, que nos bourgeois de la ville de Nevers sont et ont toujours été* [2] *de condition libre.* Cette traduction est, du reste, l'expression fidèle du texte latin : *Ego Guido... et Mathildis, uxor ejus notum facimus omnibus præsentibus et futuris dilectos nostros burgenses de Nivernis liberæ semper esse conditionis.*

L'expliquer autrement, c'est un langage inconnu aux grammairiens ; car le mot de *semper*, joint au verbe *esse*, ne peut signifier un temps à venir ; on se serait servi en ce cas du mot *futuros esse* ou mieux encore de *fiendos*, qui n'aurait point laissé le moindre doute à l'esprit. C'est ce qui

---

[1] Cette traduction de 1566 existe dans son entier et est excessivement curieuse. On peut la voir aux Preuves, au-dessous du texte latin. Je saisis cette occasion pour la transcrire intégralement. L'original est revêtu des armes de Louis de Gonzague ; ce qui lui donne un caractère non équivoque d'authenticité.

[2] Cette expression *sont et ont toujours été* n'est point, il est vrai, la traduction littérale du latin *semper esse*. Mais j'expliquerai, dans le *Cartulaire* que je dois placer à la fin, en guise de preuves, pourquoi Louis de Gonzague a accepté cette traduction, qui est plutôt une interprétation. Cependant, je réserverai pour une prochaine publication l'examen critique des chartes, dont je me contenterai de développer l'historique dans celle-ci.

explique pourquoi les successions des habitants de la ville de Nevers n'ont jamais été dévolues aux seigneurs, comme l'étaient celles des serfs de certains lieux du Nivernois.

Les capitaines institués par quelques ducs de Nevers en leur absence, n'ont jamais privé les conseillers du droit de nommer les échevins.

Le but de l'institution de ces capitaines est clairement expliqué dans le brevet de leur création : les seigneurs de Nevers les ont institués pour commander les troupes levées par l'autorité des rois, pour garder la ville et la défendre contre le pillage des séditieux et des brigands, pendant le temps des troubles. Aussi ces fonctions ont-elles cessé avec les troubles.

Louis de Gonzague, qui a institué deux de ces capitaines, a reconnu lui-même, par l'acte du 8 janvier 1575, le droit des conseillers à l'élection des échevins.

Deux pièces que le Comte a présentées, et par lesquelles il prétend que dans les élections les habitants dépendaient de l'autorité des seigneurs, ne prouvent autre chose, sinon que les échevins ont prêté serment devant le bailli.

Mais les habitants n'ont jamais contesté ce devoir ; il y a seulement dans la prestation même de ce serment une protestation faite par les échevins, qui ne veulent pas que ce devoir puisse préjudicier aux priviléges de la ville.

Les agents du Comte avancent sans fondement que, dans les anciens temps, la ville envoyait des députés aux seigneurs pour connaître leurs volontés avant de procéder à l'élection, lorsque ceux-ci faisaient leur résidence à Nevers.

Cela est dit sans fondement et sans preuves. On voit, au contraire, que les habitants ont toujours joui de leurs droits sans contestation, ainsi qu'ils l'ont justifié par tous les titres qu'ils ont produits, et surtout par le serment de reconnaissance prêté par tous les seigneurs comtes ou ducs, conformément à la charte de 1231.

L'acte de 1513 produit par les habitants, auquel on s'efforce de donner un sens différent pour marquer qu'on s'était transporté chez le duc de Nevers, ne prouve point que ce fût pour lui demander son consentement touchant l'élection des échevins. Il n'était question dans cette députation que de demander l'exécution des lettres-patentes de Louis XII, obtenues en 1512 au sujet de la mutinerie du menu peuple, arrivée l'année précédente.

L'acte d'assemblée du 25 septembre 1664, n'engage pas non plus les habitants de requérir le consentement du Comte pour la nomination des échevins. Si le conseil de ville, avant de pourvoir à la nomination du procureur du fait commun, voulut connaître les intentions de M. de Colbert, tuteur honoraire du duc de Nevers, ce n'est pas qu'il n'eût le droit de faire cette nomination ; c'était par pure déférence pour M. de Colbert qui s'était montré si gracieux pour la communauté. Le cardinal Mazarin venait de faire nouvellement l'acquisition du duché de Nevers, et la ville avait intérêt à se ménager sa protection. Ainsi cette surséance ne peut passer que pour une raison de politique, dont le Comte ne peut tirer aucun droit, puisque les conseillers procédèrent, le même jour que cet acte fut passé, à la nomination de deux échevins, dans laquelle, pas plus que dans les suivantes, M. de Colbert ne s'immisça.

L'acte d'assemblée du 26 septembre 1675, par lequel il paraît qu'on a nommé deux échevins, selon le désir du duc de Nevers, ne peut pas davantage porter préjudice aux privilèges de la ville. Cette élection fut faite d'abord contrairement à l'usage ancien, et puis à une époque illégale, c'est-à-dire le jeudi 25 septembre, lorsqu'elle aurait dû avoir lieu le dimanche qui précède la fête de saint Michel. D'ailleurs ce sont les conseillers eux-mêmes, et non le duc de Nevers, qui ont nommé les deux échevins. On doit donc encore regarder cette démarche comme un acte de déférence et non point comme un droit en faveur du seigneur.

Pour induire de cette nomination qui a été faite contre les règles ou par pure honnêteté, que le Comte a droit d'exiger qu'on lui demande sa volonté touchant le choix des échevins, il faudrait qu'on montrât des concessions royales qui dérogeassent aux lettres-patentes de Louis XII, confirmées par Henri II ; jusque-là, le Comte ne peut prétendre qu'on soit obligé de lui demander son consentement ; et ces sortes de déférences ne peuvent prévaloir sur un nombre incalculable d'élections qui ont été faites depuis près de six cents ans par les habitants, sans qu'il soit fait mention nulle part du consentement des comtes ou des ducs.

La lettre adressée au Comte le 5 septembre dernier par quelques officiers en titre de l'hôtel-de-ville, pour le prier d'indiquer des sujets pour l'échevinat, ne peut être considérée que comme un renouvellement de l'abus qui a commencé environ l'an 1680. Cette lettre a été écrite par Robichon, maire alternatif, officier et fermier du Comte, et a été apportée par Alixand, lieutenant de maire alternatif, procureur au domaine du Comte de Nevers, qui l'a fait enregistrer de son autorité privée, contre les remontrances des conseillers. Ces remontrances n'étaient point sans exemple, puisqu'on trouve dans le registre de 1680, que les vingt-quatre conseillers se plaignirent qu'on voulait porter atteinte à leurs priviléges, et qu'ils délibérèrent que le duc serait prié de les laisser jouir de leurs libertés, selon l'ancien usage. Du reste, les conseillers n'ayant été élus que deux heures avant les échevins, ce ne sont pas eux qui ont écrit et fait enregistrer la lettre adressée au Comte le 5 septembre.

C'est donc à tort que les agents du Comte taxent les conseillers de mépris envers leur seigneur. La réponse du Comte lui-même lève toute difficulté.

En vain, on objecte que les lettres-patentes de Louis XII n'ont point été enregistrées par le parlement, et que partant, on ne doit y avoir aucun égard; mais elles ont été adressées au bailli royal de Saint-Pierre, confirmées par Henri II en 1552, ratifiées par tous les comtes et ducs de Nevers, jusqu'au père du Comte actuel qui les a reconnues en 1691; et, si on n'avait spolié les archives pour faire disparaître toutes les pièces accusatrices, on aurait certes trouvé l'enregistrement de ces lettres et le serment du duc. Il y a plus encore; ces lettres-patentes et le réglement du 23 décembre 1603, fait entre Charles de Gonzague et les vingt-quatre conseillers, au sujet de la juridiction criminelle qui est accordée à ces derniers sur les habitants, ont été homologués en parlement, le 18 juin 1655.

Quant au droit de bourgeoisie dont parle le Comte dans son second mémoire, ce n'est qu'un droit de hallage, qui se paie sur chaque boutique des marchands et artisans, et que les bourgeois n'ont jamais payé. Le Comte ne saurait justifier d'aucun titre qui le lui attribue, ni rapporter aucun rôle fait à ce sujet ou arrêté pour la perception de ce prétendu droit.

Enfin, les habitants ont fait voir dans leur premier mémoire que, dans l'*Histoire du Nivernois*, le judicieux Coquille, officier des ducs de Nevers, leur conseiller et élu deux fois échevin, remarquait que les habitants avaient droit, de toute ancienneté, de nommer les vingt-quatre conseillers, et que ces conseillers élisaient les quatre échevins, le procureur du fait commun, son substitut, le scribe ou secrétaire, le receveur des deniers communs, en conformité des lettres-patentes de Louis XII. Ainsi cela ne souffre point de difficulté.

Qui ne serait surpris d'entendre les agents du Comte se récrier contre l'élection des échevins du 26 septembre dernier, sous prétexte qu'ils ne sont point de qualité pour exercer l'échevinat?

On a suffisamment établi que parmi les quatre échevins on comptait un officier de bourgeoisie, un maître des eaux et forêts, un notaire et un procureur, tous gens de probité et bien solvables. N'y aurait-il pas plus lieu de se plaindre des sujets que les agents du Comte voulaient introduire dans la magistrature communale? Nous en avons parlé dans notre premier mémoire, et il nous répugne d'y revenir.

Les agents du Comte supposent, sans raison, que l'élection des vingt-quatre conseillers est un effet de la cabale; et à ce sujet ils voudraient insinuer à Sa Majesté la nécessité d'un nouveau réglement pour l'élection des conseillers, qu'on ne pourrait choisir que parmi les chanoines, les gentilshommes, les officiers du Comte, de sa pairie, de sa chambre des comptes, de sa maîtrise des eaux et forêts, des officiers de la maréchaussée et des marchands en gros.

Si cette nouvelle forme d'élection avait lieu, elle serait très-préjudiciable aux habitants, parce qu'il ne leur serait plus loisible de choisir les meilleurs sujets pour l'administration de cet emploi, les habitants n'ayant point tant d'égard aux personnes qu'à leur mérite particulier pour gérer les affaires de la ville. Les officiers du Comte se perpétueraient ainsi dans les charges communales, et exempteraient des subsides leurs nombreux parents au préjudice des bourgeois, dont les charges seraient doublées. Cette forme d'administration serait contraire aux lettres-patentes de Louis XII et aux priviléges de la ville, et ne serait que l'établissement d'un nouveau genre de despotisme, pire peut-être que celui qui existait avant 1717, et que le roi vient de détruire par son ordonnance.

Les raisons alléguées par le Comte, n'étant appuyées d'aucun titre sérieux, ne peuvent détruire les priviléges dont les bourgeois de Nevers sont en possession depuis près de six cents ans. Ils osent donc espérer que Sa Majesté voudra bien les confirmer de nouveau dans leurs droits, et qu'Elle ne souffrira pas qu'on y porte aucune atteinte. Les contraindre de souffrir le gouvernement des officiers de M. de Nevers, ce serait les exposer à l'injustice ; ce qui amènerait la ruine et la désertion des habitants, qui ont tant souffert sous le pouvoir despotique des officiers en titre qui viennent d'être si heureusement supprimés. Ils osent compter sur la protection du Roi, et ils en ont pour garant le désir qu'a Sa Majesté de voir les villes de son royaume peuplées et florissantes, et surtout heureuses de contribuer à son service.

Par ces considérations, il plaira à Sa Majesté ordonner que les lettres-patentes de Louis XII, de 1512, confirmées par Henri II, en 1552, soient exécutées selon leur forme et teneur, et ce faisant, débouter M. de Nevers de l'opposition qu'il a formée à l'arrêt contradictoire rendu par Sa Majesté, le 9 novembre dernier ; et les habitants redebleront leurs prières pour la conservation des jours de Sa Majesté.

Le Comte de Nevers, pressé par des preuves si fortes et appuyées de pièces si authentiques, ne poussa pas plus loin pour le moment ses prétentions au sujet de l'élection du 26 septembre ; mais il se replia sur une autre question : il demanda et obtint un arrêt du Conseil, le 16 mai 1718, qui prononça la réunion de l'office de maire à la seigneurie de Nevers, pour être exercée sur sa nomination, comme avant la suppression de 1717. Il est vrai que le Comte était acquéreur de cet office, et qu'il avait protesté déjà contre l'édit royal de Fontainebleau, en date de septembre 1714, qui portait la suppression des offices de maire, de la création de 1692 et de celle de 1706, restant à vendre et à réunir ; il soutenait avec quelque raison que les villes ne pouvaient déposséder que ceux qui avaient été pourvus par le roi, et non ceux qui étaient à la nomination des seigneurs acquéreurs du roi, et qui avaient réuni à leur domaine. Or, le duc de Nevers avait obtenu un arrêt du Conseil, le 6 septembre 1707, qui unissait l'office de maire à la seigneurie de Nevers, pour être exercé, sur les simples provisions, par les officiers du bailliage, de la chambre des comptes et de la maîtrise ducale. Les habitants formèrent opposition à l'arrêt du 16 mai 1718 ; il en intervint un autre en date du 2 août, enregistré folio 194, par lequel il fut ordonné que la ville rembourserait dans quinzaine la finance de maire alternatif, et que cet office demeurerait supprimé. La ville fit son remboursement le 20 du même mois, pour la somme de 12,780 fr., dont la quittance existe au folio 197 et dernier du registre de 1712-1718; ce qui l'obligea à doubler pendant huit ans ses droits d'octroi.

Malgré ce remboursement, le Comte éprouvait encore un autre échec, puisque, nonobstant ses prétentions et ses protestations, l'office de maire rentrait tout à fait dans l'édit de suppression du mois de juin 1717. Son autorité se trouvait ainsi presque compromise aux yeux des habitants. Il s'en plaignit au Roi amèrement; plusieurs personnages s'intéressèrent à sa cause; et, pour tout concilier, un arrêt du Conseil, du 17 janvier 1719 [1], ordonna que dans l'élection qui devait se faire pour 1720, les deux échevins nouveaux étant actuellement en place seraient continués pour l'année suivante; que quinze jours avant l'assemblée pour la nomination des échevins, le corps de ville serait tenu d'en donner avis, chaque année, *au gouverneur de la province*, et de lui demander ses ordres, afin qu'il puisse, si bon lui semble, nommer trois sujets pour remplir une des deux places d'échevin, dont l'élection se fait tous les ans. Les conseillers de ville devaient en choisir nécessairement un

---

[1] *Voir* l'arrêt du conseil inséré dans la page 97.

parmi ces trois, et élire l'autre librement et sans aucune présentation préalable. Cette nouvelle forme fut suivie pendant les années 1720, 1721 et 1722. Un édit du mois d'août 1722 rétablit tous les offices créés dans les hôtels-de-ville en 1690, 1692, 1702, 1703, 1704, 1706, 1707, 1708, 1709 et 1710, supprimés en 1717 ; et les choses rentrèrent dans la confusion jusqu'à l'édit de juillet 1724, qui supprima de nouveau tous les offices. Insensiblement les choses retournèrent à l'ancien pied, et la ville se réhabitua à être gouvernée par ses quatre bourgeois.

Ainsi se termina, par une espèce de transaction, ce fameux procès, où les droits du Comte et des bourgeois furent examinés contradictoirement, et dont l'autorité du Comte se ressentit pendant long-temps. Il ne se doutait guère peut-être que ce dix-huitième siècle, qui avait déjà atteint le quart de son cours, ne finirait pas sans que cette couronne ducale, dont il était si fier [1], ne fût foulée aux pieds par un huissier de la Convention.

[1] Le Comte de Nevers avait ajouté, en 1709, à ses titres nombreux, celui de duc de Donzy. Cela déplut à Louis XIV ; et il existe aux archives une lettre assez curieuse, par laquelle le grand Roi défend à notre Comte de s'affubler de ce nouveau titre.

ARRÊT DU CONSEIL

DU 17 JANVIER 1719,

RELATIF AU PROCÈS DU COMTE ET DES BOURGEOIS DE NEVERS.

Extrait des registres du Conseil d'État.

Veu au Conseil d'Estat du Roy, les mémoires présentez par le sieur Comte de Neuers, gouuerneur de la prouince de Niuernois d'une part et par les Conseillers et Eschevins de l'hostel-de-ville de Neuers d'autre, au sujet de la nomination des Conseillers et Escheuins dudit hostel-de-ville; une copie de la chartre donnée en douze cent trente-un par Guy, comte de Neuers, et Maltide sa femme, par laquelle ils ordonnèrent que les affairs de ladite ville de Neuers seroient administréez par quatre bourgeois de la dite ville qui sont aujourd'hui les Escheuins; autre copie des lettres-patentes de Louis XII de 1512, portant que l'on élira dans chacun des quatre quartiers de la ville de Neuers, huit ou six notables personnages, ce qui fait trente-deux ou vingt-quatre; et que les trente-deux ou vingt-quatre seulement pourront s'assembler auec les autres Escheuins de l'année précédente et ensemble élire les Escheuins nouueaux, et que ceux qui seront élus à la pluralité des voix, demeureront Escheuins; plusieurs délibérations prises dans ledit hostel-de-ville de Neuers depuis 1557 jusqu'en 1650, par lesquelles il paroist que les Escheuins ont été élus par les vingt-quatre conseillers de ville à la pluralité des voix ; autres délibérations depuis 1675 jusqu'en 1692, dans lesquelles il est fait mention des ordres donnéz par les sieurs Ducs et Comtes de Neuers pour la nomination des Escheuins ; l'édit du mois de juin 1717 portant suppression des offices de maires, lieutènants de maires, escheuins et autres créez dans les hostels-de-ville depuis 1690 ; la déclaration du Roy du 17 juillet suiuant, par laquelle il a esté ordonné que l'élection des maires, escheuins, consuls et autres officiers municipaux se feroit aux jours et de la manière qu'elle se faisoit auant la création des offices suprimez ; la délibération prise dans ledit hostel-de-ville de Neuers le 26 septembre 1717 pour l'élection des quatre Escheuins ; l'ordonnance dudict sieur Comte de Neuers du 4 octobre suiuant ; l'arrest du conseil du 7 novembre audit an, portant confirmation de ladite élection ; les requestes présentéez au sieur Turgot, intendant et commissaire départy dans la généralité de Moulins, au sujet de la nomination du procureur du Roy, receueurs des deniers patrimoniaux et d'octrois, secrétaire, greffier, concierge, porte-masse et portier de la ville ; les procès-uerbaux dressez par le subdélégué dudict sieur Turgot, en conséquence des ordres du conseil, des raisons et moyens des parties ; l'aduis dudict sieur Turgot et autres pièces produites de part et d'autre ;

Ouï le rapport,

Le Roy en son conseil faisant droit sur les demandes respectives des parties, a ordonné et ordonne que l'élection des vingt-quatre conseillers de l'hostel-de-ville de Neuers continuera de se faire conformément aux lettres-patentes de mille cinq cent douze, sans néanmoins qu'il puisse estre éleu dans un mesme quartier de ladite ville, des conseillers qui soient entre eux pères, beaux-pères, frères, beaux-frères, oncles, neveux, et en cas que d'un quartier à l'autre il s'en trouue d'élus qui soient parents dans ce degré, leurs voix, lorsqu'elles se trouveront semblables, ne seront comptéez que pour une. Ordonne Sa Majesté que dans l'élection qui se fera pour mil sept cent vingt, les deux Escheuins nouueaux qui sont actuellement en place, seront continuez pour l'année suiuante, et que quinze jours auant l'assemblée de ville pour la nomination des Escheuins, le corps de ville sera tenu d'en donner aduis chaque année au gouuerneur de ladite prouince et de luy demander ses ordres afin qu'il puisse, si bon luy semble, nommer trois sujets pour remplir une des deux places d'Escheuins dont l'élection se fait tous les ans, desquels trois sujets il en sera choisy un par les conseillers de ville dans l'assemblée, et ils éliront l'autre Escheuin librement et sans aucune présentation précédente. Veut Sa Majesté que la place de premier Escheuin des deux qui seront élus pour ladite année mil sept cent vingt soit remplie de l'un des trois sujets qui seront proposéz par le gouverneur et que les conseillers de ville fassent l'élection du second, et pour mil sept cent vingt-un, ils éliront le premier et il sera proposé des sujets par le gouuerneur pour remplir la place du second, et ainsy alternativement d'année en année. Ordonne Sa Majesté que les pourueus des offices de receueurs des octroys, receueurs des deniers patrimoniaux, juré crieur, procureur du Roy et greffier dudict hostel-de-ville de Neuers, continueront de jouir de leurs offices comme ils en jouissoient auant l'èdit du mois de juin mil sept cent dix-sept et que le concierge dudict hostel-de-ville nommé par le sieur Comte de Neuers, continuera d'en faire les fonctions, à condition néanmoins que vacation arrivant, il sera pourueu audit office par les Escheuins et Conseillers de ville assemblez à cet effet, comme aussy qu'il sera pourueu de la mesme manière aux offices d'huissiers de police ou clercs de ville, huissiers, porte-masse et autres petits officiers; enjoint Sa Majesté au sieur Intendant et Commissaire départy en la généralité de Moulins, de tenir la main à l'exécution du présent arrest.

Fait au Conseil d'Estat du Roy, tenu à Paris, le dix-septième jour de janvier mil sept cent dix-neuf.

Signé : GOUION.

CARTULAIRE NIVERNAIS

ou

RECUEIL DES MONUMENTS,

CHARTES, TITRES ET AUTRES PIÈCES

CONCERNANT LA COMMUNE DE NEVERS,

POUR SERVIR DE PREUVES

A L'HISTOIRE DES DROITS ET DES PRIVILÉGES

DE CETTE COMMUNE.

CARTULAIRE

DE LA COMMUNE DE NEVERS.

Ce recueil renferme les chartes, les titres et toutes les pièces importantes qui intéressent la commune de Nevers. Je l'ai divisé en deux parties.

Dans la première, j'ai réuni par ordre chronologique les chartes relatives à l'établissement, aux droits et à l'administration de la commune, avec les lettres-patentes des Rois de France. Cette partie peut servir de preuves ou d'appendice au procès que j'ai publié sur les droits et les priviléges des Seigneurs et des Bourgeois.

Dans la seconde, je groupe aussi par ordre chronologique toutes les pièces importantes qui, sans se rapporter directement à la formation de notre commune, intéressent particulièrement la ville de Nevers, et peuvent servir à l'histoire de notre droit municipal.

Quelques-uns de ces monuments, dont l'importance m'a paru incontestable, ont été publiés à différentes époques dans divers ouvrages ou mémoires sur le Nivernais ; mais la plupart sont inédits. Je les ai tous collationnés avec le plus grand soin sur les originaux qui sont déposés dans nos archives communales.

Ce recueil est la première tentative de ce genre pour notre commune ; il formera un véritable cartulaire, et répondra ainsi à un vœu hautement exprimé par la Société archéologique, qui a bien voulu me charger de ce travail, dont tout le monde appréciera l'utilité et même l'importance pour notre histoire municipale.

PREMIÈRE PARTIE.

CHARTES CONSTITUTIVES ET CONFIRMATIVES

DE LA COMMUNE DE NEVERS.

CHARTE DE PIERRE DE COURTENAY,

PROMULGUÉE PAR MATHILDE, SA FILLE.

1194-1231.

La commune de Nevers est une des plus anciennes de France : elle remonte incontestablement jusqu'au douzième siècle. Pierre de Courtenay, petit-fils de Louis-le-Gros, qu'on appelle à tort ou à raison le *Père des Communes*, lui octroya, dès l'année 1194, sa première charte. Ce fait est hors de doute; car il existe, aux archives de la ville, une lettre de Michel, archevêque de Sens, écrite cette même année de 1194, et par laquelle il autorise l'évêque de Nevers à recevoir le serment que doit prêter le comte

Pierre, pour le maintien des conventions faites entre lui et les habitants.

Voici le texte même de cette lettre :

MICHAEL, Dei gratiâ Senonensis archiepiscopus, omnibus ad quos litteræ præsentes pervenerint, in Domino salutem : Notum fieri volumus quod venerabilis frater noster Johannes, episcopus Nivernensis, ad preces dilecti filii Petri, comitis Nivernensis, concessit et bona fide promisit sicut ex ejus autentico cognovimus, quod si ipse comes a conventionibus quas cum burgensibus suis Nivernensibus contraxit sub fidei sacramento, quæ utique plenius et evidenter in autenticis domini regis et ipsius comitis explanantur, in aliquo resiliret, ipse episcopus ab eisdem burgensibus requisitus, submonito prius comite de eo, et contra ejus tamdiu districtam teneret justitiam, donec ipsis burgensibus ab ipso comite congrue esset satisfactum. Nos igitur conventiones illas, prout eas inspecto comitis autentico cognovimus, approbantes et confirmantes, salvo tamen jure ecclesiarum et liberorum hominum tam militum quam aliorum, ad petitionem ipsius comitis concessimus quod, si ipse comes easdem conventiones observare non vellet, nos in eum et contra suam justitiam faceremus. Quod ut ratum maneat, præsentem cartam notari fecimus et sigilli nostri munimine roborari. Actum Senonibus, anno Incarnati Verbi MCXC quarto.

La charte de Pierre de Courtenay a donc été considérée comme le premier établissement de notre commune. Ducange, dans son glossaire latin, au mot *communantia*, s'exprime en ces termes : *Nivernensi urbi Petrus comes Nivernensis, anno 1194, communiam concessit*. Parmentier ne manque pas d'en faire mention dans son *Inventaire des titres de la ville :* il la considère aussi comme la première charte de fondation ; mais il dit l'avoir vainement cherchée à la bibliothèque royale, dans le registre de Philippe-Auguste, où Ducange assure qu'elle existe au folio 55. Enfin Secousse, dans le recueil des *Ordonnances des Rois de France*, tome III, déplore sa perte, et regrette de ne pouvoir la donner à la place que la chronologie lui désignait. C'est probablement ce qui a fait dire à tous les historiens du Nivernais que cette charte était perdue ; et ce qui les a sans doute empêchés d'approfondir la véritable origine de la commune de Nevers, sous prétexte que la pièce principale leur manquait.

J'avoue que j'ai moi-même partagé long-temps cette opinion, que j'ai trouvée comme pour ainsi dire stéréotypée dans tous les ouvrages et les mémoires relatifs à notre pays. Mais, avant de publier les chartes constitutives et confirmatives de notre commune, j'ai dû tenter par moi-même de nouvelles recherches : non pas que j'eusse la prétention de retrouver, après tous les bouleversements et les nombreuses spoliations qu'ont subis nos papiers publics, ce que tous mes devanciers considéraient comme perdu ; mais j'espérais du moins rencontrer dans nos vieux registres quelques fragments ou simplement quelques allusions qui pussent me mettre sur la trace de cette charte, si remarquable à tant de titres, dont tout le monde parle, et que personne n'a jamais vue. Mes recherches ont été vaines ; et un moment je me suis imaginé que le Comte, ou plutôt ses agents, que les bourgeois de Nevers ont accusé de tant de méfaits dans le procès qui nous a occupé, auraient bien pu soustraire cette charte si importante, peut-être même accusatrice. Mais je n'ai pas tardé à abandonner cette idée : car, si cette charte eût existé à cette époque, elle n'aurait pas été connue du Comte seulement ou de ses agents, et les bourgeois n'auraient pas manqué de mentionner cette soustraction, comme ils en ont mentionné tant d'autres. J'ai dû remonter plus haut et interroger avec une scrupuleuse attention les diverses chartes confirmatives des droits et des priviléges de la commune que chaque seigneur, selon celle de Guy et de Mathilde, devait octroyer à son avènement.

Dans cet examen minutieux, un fait m'a paru plus que surprenant, c'est le silence profond gardé par toutes ces chartes sur le nom même de Pierre de Courtenay. En parlant des libertés octroyées aux bourgeois, il n'est pas un seigneur de Nevers qui ne considère comme point de départ des libertés communales la charte de Guy de Forest et de sa femme Mathilde, promulguée en 1231. Pourquoi ce silence? Pourquoi pas même une allusion à celui que les historiens considèrent comme le père de notre commune? Évidemment les comtes ou ducs de Nevers n'avaient pas à ce sujet la même opinion que nos historiens modernes. Mais ce qu'il y a de plus étonnant encore, c'est le silence de Mathilde elle-même. Pierre de Courtenay était pourtant son père, et sa charte, publiée du vivant de Mathilde, ne datait tout au plus que de trente-sept ans. Une seule expression dans la charte de 1231, *nos etiam*, indique bien sans doute quelque chose d'antérieur; mais pourquoi Mathilde n'agit-elle pas à l'égard de son père, comme tous ses successeurs ont agi à son égard? Pourquoi ne pas désigner d'une manière plus explicite l'auteur de la première émancipation communale? Pourquoi ne pas payer à sa mémoire, qui devait être chère aux Nivernais, le même tribut que tous les seigneurs ont payé dans la suite à Mathilde elle-même? En un mot, pourquoi tous considèrent-ils Mathilde comme l'auteur des priviléges de la commune de Nevers, et pourquoi Mathilde semble-t-elle aussi s'attribuer la gloire d'une première émancipation, lorsqu'il est prouvé par la lettre de l'archevêque de Sens, en date de 1194, que cette même année, Pierre de Courtenay avait affranchi la ville de Nevers?

Toutes ces réflexions m'ont suggéré l'idée que les conventions entre les bourgeois de Nevers et Pierre de Courtenay, qui n'était en 1194 que tuteur du comté, n'engageaient pas et ne pouvaient peut-être pas engager l'avenir, comme celles de Guy de Forest et de Mathilde [1]. L'archevêque de Sens dans sa lettre de 1194 parle de Pierre de Courtenay et ne dit pas un mot de ses successeurs; tandis que dans les différentes confirmations de celles de 1231, les seigneurs vassaux, les archevêques et les évêques reconnaissent formellement que Guy et Mathilde ne s'engagent pas seulement eux-mêmes, mais engagent encore leurs successeurs et leurs héritiers. La charte de 1231 serait donc, dans cette hypothèse, la charte même de 1194, promulguée solennellement par les véritables possesseurs du comté dont ils engageaient l'avenir. C'était probablement l'opinion de Ducange, dont on connait l'autorité en pareille matière, et que Parmentier accuse trop légèrement de mensonge ; il voulait évidemment désigner, par les expressions dont il s'est servi dans son glossaire, comme appartenant de fait à Pierre de Courtenay, la charte de 1231, que l'on trouve effectivement au folio 55 du registre de Philippe-Auguste. Du reste, l'histoire du Nivernais vient donner à cette assertion le cachet même de la vérité.

Pierre de Courtenay [2], petit-fils de Louis-le-Gros, avait

---

[1] Mathilde, comme je le fais remarquer dans sa charte, dit, dans le dernier paragraphe, qu'elle *renonce expressément à toute action et exception de tutelle*. Ce passage est une preuve frappante à l'appui de mon opinion.

[2] Pierre de France, septième et dernier fils de Louis VI, dit le Gros, ayant épousé Isabeau de Courtenay, Montargis et autres lieux, en eut plusieurs enfants. L'aîné, nommé Pierre de Courtenay, transmit son nom à toute sa postérité. C'est

épousé en 1184 Agnès, pupille de Philippe-Auguste, seule et unique héritière des comtés d'Auxerre et de Nevers. L'année suivante, d'après les conseils du roi de France, Pierre fit vœu de prendre la croix ; et c'est à cette occasion qu'il entreprit de lever sur chaque famille dans toutes ses terres, la somme de douze deniers. Les lettres-patentes de Philippe-Auguste qui en font mention, déclarent que c'était *Pro via Jerosolymitana*; elles ajoutent que ce sera sans tirer conséquence pour ce don gratuit, qui n'avait jamais été levé, et qui ne devait jamais l'être dans la suite [1].

Pierre de Courtenay partit avec le Roi pour la Palestine, en 1191. Mais la flotille éprouva sur les côtes de la Sicile une si violente tempête, que le Comte de Nevers et la plupart des autres seigneurs se virent obligés de jeter dans la mer une partie de leurs équipages pour décharger leurs vaisseaux ; de sorte qu'ils arrivèrent au port de Messine, dépourvus des choses les plus nécessaires. Le Roi les dédommagea en partie des pertes qu'ils avaient souffertes, et le Comte de Nevers eut de lui 600 marcs d'argent. Pendant que Pierre s'illustrait dans divers combats contre les infidèles, Agnès vint à mourir, ne lui laissant qu'une fille âgée de cinq ans,

---

ce Pierre, que Philippe-Auguste, son cousin germain, maria à Agnès, sa pupille, qui lui apportait en dot les comtés d'Auxerre et de Nevers : ce qui le dédommageait amplement de la cession de la terre de Montargis, qu'il avait faite au roi de France.

[1] *Pro perpetuitate vero ipsius monetæ, et pro via Jerosolymitana, placuit personis Ecclesiasticis et Baronibus terræ Comitis, ut de singulis domibus quæ proprium habent mansionarium duodecim denarios, hoc tantum anno accipiet per civitates et castella, burgos et villas in quibus moneta Nivernensis debitum cursum habet. Ne vero beneficium duodecim denariorum quod Comiti sponte hoc tantum anno impenditur, Ecclesiis vel baronibus in consequentiam trahatur, quod numquàm fuerat, nec amodò erit.* (Extrait d'une lettre de Philippe-Auguste, sur la monnaie d'Auxerre, 1188.)

héritière des comtés d'Auxerre et de Nevers [1]. A cette nouvelle, il abandonne la Terre-Sainte et s'empresse de retourner en France, pour reprendre le gouvernement des deux comtés, en qualité de tuteur de sa fille Mathilde. Cependant la même année, Pierre de Courtenay se remariait avec Yolande de Flandre, troisième fille de Baudouin V, et sœur de l'empereur de Constantinople; dès-lors il porta ses vues bien haut; mais, comme il avait peu de fortune personnelle, et que d'un autre côté il voulait se concilier l'amitié des bourgeois, dans un temps où le clergé ne recevait pas à son égard des impressions fort favorables [2], il fit avec les habitants d'Auxerre des conventions qui furent fort utiles à la ville.

Cet acte solennel fut passé à Sens, et scellé du sceau du Comte, au mois de novembre 1194. Mais afin que ce règlement fût plus ferme et plus stable, il promit de le faire jurer à ses prévôts et sergents, toutes les fois qu'il en entrerait de nouveaux en charge; il fit lui-même serment de les observer et s'engagea à le faire promettre de même par serment à sa fille Mathilde, lorsqu'elle aurait atteint sa douzième année, et à son mari, avant que de l'épouser, et même à les obliger d'obtenir des lettres-patentes en confirmation de ce traité.

---

[1] Agnès mourut en 1192. Son décès est marqué au 6 février dans le Nécrologe des Bénédictines de Nevers, et dans celui de la cathédrale d'Auxerre, où elle a été inhumée. Voici les termes de ce dernier Nécrologe : VIII. *Id. Febr. Obitus Agnetis Comitissæ, quæ ordinationem testamenti sui super Comitem Petrum maritum suum reliquit. Qui considerans devotionem et reverentiam quam Decanus et Canonici circa sepulturam ejus exhibuerunt, salvamentum quod in potestatibus de Porrent et Chicheriaco habebat, tam in avena quam trossis, panibus et denariis, Autissiodorensi Ecclesiæ quittavit. Et in hoc anniversario dividimus LX solidos.*

[2] *Miscellan. Baluz*, t. VII, p. 326.

Jean Ier, évêque de Nevers, qui, avec tous les évêques de la province de Sens, avait donné des lettres approbatives, demanda la même faveur pour le comté de Nevers; et Pierre étendit aux deux comtés les conventions qu'il n'avait faites d'abord que pour le premier.

Vaincu par Hervé de Donzy en 1199, à Saint-Laurent près de Cosne, Pierre de Courtenay n'obtint sa liberté, sur les instances de Philippe-Auguste, qu'à la condition qu'il donnerait en mariage, à son vainqueur, sa fille unique Mathilde, avec le comté de Nevers pour dot [1]. Hervé n'hérita du comté d'Auxerre qu'à la mort de Pierre de Courtenay, qui fut tué pendant qu'il allait prendre possession du trône de Constantinople, en 1218. Hervé mourut le 22 janvier 1222 [2].

Les habitants d'Auxerre reçurent de Mathilde, pendant le temps de son veuvage, des faveurs considérables. Il est vrai qu'au commencement de son gouvernement, elle avait remis sur pied la servitude de main-morte, que son père et sa mère avaient supprimée, en ce qui touchait les personnes de condition libre. Mais par une célèbre charte, datée de Ligny-le-Château, le premier jour d'août 1223, elle remit

---

[1] Philippe-Auguste, dans ses lettres-patentes de 1200, ne qualifie Pierre de Courtenay que du titre de comte d'Auxerre. Ce fait est encore prouvé par l'*Histoire de l'Hôtel-de-Ville de Paris*, et par des chartes concernant le pays de Tonnerre.

[2] L'Obituaire de la cathédrale d'Auxerre, qui fut rédigé vers le milieu du treizième siècle, marque ce décès en ces termes : *Obitus Hervei de Giemo Comitis, pro cujus anima Mathildis quondam Comitissa Nivernensis uxor ejus assignavit centum solidos turonenses super Præposituram Autissiodorensem*. Guillaume de Nangis, dans la chronique duquel il est appelé Henri, rapporte aussi sa mort à l'an 1222. Il fut inhumé à l'abbaye de Pontigny, près d'Auxerre. La pierre tumulaire portait le distique suivant :

HIC LAPIS HERVES COMITIS CELAT FACIEI
FORMAM; FORMA DEI CLARIFICETUR EI.

les choses dans une situation qui dût être agréable aux habitants.

Les Auxerrois qui avaient goûté la douceur du gouvernement de Mathilde pendant le temps de son veuvage, n'aperçurent pas beaucoup de changement, depuis qu'elle eut épousé Guy, comte de Forest. Elle engagea son mari à promettre d'entretenir et de conserver les priviléges des bourgeois ; et la première chose qu'elle fit après l'avoir épousé, fut de donner acte de cette promesse [1].

Regnault, évêque de Nevers, qui avait accordé lui-même l'affranchissement de la servitude personnelle aux habitants de Prémery, sollicitait depuis long-temps avec instance la promulgation solennelle de la charte de Pierre de Courtenay, de la part de Guy de Forest et de sa femme Mathilde. Il comprenait que le tuteur du Nivernais ne pouvait engager par ses actes les véritables possesseurs du comté; et, de peur que les priviléges octroyés aux habitants ne fussent un jour rétractés, le saint évêque qui, comme ses collègues, était l'ange tutélaire de la cité, réclamait à grands cris un acte solennel. Guy et Mathilde ne purent résister à ses pressantes sollicitations; mais la mort ne lui donna pas la consolation de voir lui-même la réalisation de ses vœux les plus chers. La charte de 1194 fut solennellement promulguée en 1231, pendant la vacance du siége épiscopal. Guy et Mathilde obligèrent leurs successeurs à en donner une confirmation au jour de leur avènement, et mirent toutes ces obligations sous la sauvegarde des barons, et sous le patronage de la royauté et de l'Eglise. Ainsi furent instituées à tout jamais les libertés de la commune.

[1] *Mémoires concernant l'Histoire ecclésiastique et civile d'Auxerre*, par l'abbé Lebœuf, tome II.

Ainsi donc, contrairement aux assertions de tous les auteurs, nous n'avons aucune perte à déplorer, et la charte de Mathilde est réellement l'acte primitif et solennel de la commune de Nevers, que les différentes familles qui ont gouverné le comté, n'ont fait que confirmer et promulguer; car, malgré le caractère de perpétuité dont ces concessions étaient revêtues, tout le monde sait que cela n'empêchait pas d'en renouveler la confirmation à chaque avènement, et que cette formalité essentielle devait toujours s'accomplir avec la solennité d'un premier octroi.

En 1566, Ludovic de Gonzague fit traduire en français la charte de 1231, et la promulgua pour la première fois dans notre langue. Cette traduction originale existe encore dans les archives, revêtue du sceau du Duc, en cire verte, et signée de sa propre main. J'ai cru convenable de la publier tout de suite en regard du texte même.

Des priviléges, droits, libertés, immunités et franchises des Echevins, Bourgeois, Manants et Habitants de Nevers, accordés par le comte Guy et par la comtesse Mathilde, le 27 juillet 1231.

IN NOMINE SANCTÆ ET INDIVIDUÆ TRINITATIS AMEN.

AU NOM DE LA SAINTE ET INDIVISIBLE TRINITÉ. AMEN.

EGO GUIDO NIVERNENSIS et Forensis Comes, et ego Matildis Comitissa uxor ejusdem Comitis omnibus notum facimus præsentibus pariter et futuris, dilectos nostros Burgenses de Nivernis liberæ semper esse conditionis

Je Guy, comte de Nevers et de Forest, et je Mathilde, comtesse, épouse dudit sieur Comte; savoir faisons à tous présents et avenir, que nos bourgeois de Nevers sont et ont toujours été de libre condition.

NOS etiam, de prudentum virorum et maximê Baronum nostrorum consilio, pro emendatione villæ

Nous encore, de l'avis et du conseil des sages, et principalement de nos barons, pour parvenir à l'amende

nostræ Nivernis omnes consuetudines qualescunque, quas nos et prædecessores nostri in villa Nivernensi habebamus, aut solebamus habere, et nominatim chevaucheiam nostram, et exercitum nostrum, eisdem Burgensibus deliberatione præviâ et diligenti quittavimus in perpetuum penitus et quittamus : exceptis reditibus nostris, quos nunc habemus ibidem, vel sumus in posterum habituri, vel quos aliqui de nobis ad vitam suam vel ad sufferantiam nostram modò tenent : et excepta credentia quadraginta dierum, quam in eadem villa ad victualia habemus : ita quod si usque ad quadraginta dies eis credita non redderentur, creditores à credentiâ absolverentur, donec eis credita reddentur : et exceptis justiciis et forifactis nostris, de quibus ita statuimus et concessimus eisdem Burgensibus in perpetuum :

QUOD si aliquis qui erit de libertate nostrâ Nivernensi in aliquo forifecerit, aut si unus de alio conqueratur, clamor ad nos vel ad mandatum nostrum fiet, et à nobis, vel à mandato nostro dies assignabitur Niverni ad judicandum quærelam et forifacti emendam quæ nostra est : ad quam diem quatuor burgenses, qui à communitate villæ annis singulis eligentur et ad hæc et ad alia negotia villæ tractanda et procuranda, ad hæc jurati, vocabunt quos voluerint de

ment de notre ville de Nevers, avons quitté entièrement et quittons à perpétuité, après une mûre et diligente délibération, toutes coutumes quelconques, que nous et nos prédécesseurs avions accoutumé d'avoir en la ville de Nevers, et nommément notre chevauchée et exercite : excepté le revenu que nous avons à présent là même, ou que nous y aurions à l'avenir, ou qu'aucun des nôtres tiennent de présent à leur vie ou de notre souffrance ; et excepté encore le droit de créance de quarante jours que nous avons en la même ville pour les victuailles, de sorte que les créanciers demeureraient quittes dudit droit de créance, jusqu'à ce que ce qu'ils ont prêté leur eût été rendu, si lesdits prêts ne leur étaient rendus jusqu'à quarante jours : excepté aussi nos justices et forfaitures, desquelles nous avons ordonné et concédé auxdits bourgeois à perpétuité, comme s'en suit.

C'est à savoir que s'il y a quelqu'un de notre franchise de Nevers qui ait forfait en quelque chose, ou si l'un se plaint de l'autre, sa plainte s'en fera à nous ou à celui qui nous représente, et sera, par nous ou celui qui nous représente, donné assignation à Nevers, pour juger le débat et l'amende du forfait qui est nôtre. Auquel jour les quatre bourgeois qui seront élus tous les ans par les habitants de ladite ville, tant pour ce, que pour traiter et procurer le bien des au-

cæteris burgensibus villæ ad judicandam quærelam et forifacti emendam : et illi qui ad hæc vocati fuerint à dictis quatuor burgentibus vel à tribus eorum tenebuntur per sua juramenta venire ad judicium faciendum, et per idem juramentum tenentur jussum judicium facere bona fide : et judicium quod à dictis quatuor burgensibus vel à tribus eorum, aut ab aliis ad hoc vocatis fiet, non poterit ab aliquo revocari.

SI quis vero de foris, qui non sit de libertate villæ, de aliquo qui sit de libertate ipsâ conqueratur, simili modo fiet judicium per burgenses prædictos : excepto quod si ille de foris judicium injustè factum esse dixerit vivâ ratione, et illud revocare voluerit, super hoc audietur : Sed ipsi burgenses occasione ipsius judicii qualiscumque ab eis facti occasionari non possunt, nec nobis propter hoc ad aliquam teneri emendam. Sed tantum modò si voluerimus, ipsi jurari tenentur, quòd judicium bonâ fide fecerint, et si in hoc meserraverunt, fecerunt ignoranter : et tunc dicti quatuor burgenses aut tres eorum requirent à nobis vel à ballivo nostro de militibus fidelibus nostris castellanis aut vavassoribus sex vel octo quos voluerint et nominaverint, et nos vel ballivus noster tenebimur mittere de militi-

tres affaires d'icelle, ayant prêté serment à cet effet, appelleront des autres bourgeois de la ville, qui bon leur semblera, pour juger le débat et amende de la forfaiture ; et ceux qui à ce auront été appelés par lesdits quatre bourgeois ou trois d'entre eux, seront tenus par leur serment de venir faire jugement, et par leur même serment seront tenus juger droitement de bonne foi ; et le jugement qui se fera par lesdits quatre bourgeois, ou trois d'eux, ou autres à ce convoqués, ne pourra aucunement être révoqué.

Que si quelqu'un du dehors, qui ne soit de la franchise de la ville, se plaint d'aucun qui soit de ladite franchise, de même sera fait jugement par lesdits bourgeois, fors que si celui qui est de dehors prétend, par vive raison, qu'il ait été mal jugé, et qu'il veuille faire corriger le jugement, il y sera reçu. Mais toutefois lesdits bourgeois ne pourront être travaillés, n'y tenus envers nous d'aucune amende, à cause dudit jugement rendu par eux, quel qu'il soit. Ains seulement s'il nous plaît, seront tenus de jurer qu'ils ont jugé de bonne foi ; que s'ils y ont erré, ça a été par ignorance. Et lors lesdits quatre bourgeois ou trois d'eux, nous requèreront, ou notre bailli, leur envoyer six ou huit qu'ils voudront nommer de nos féaux gentilshommes, châtelains ou vassaux, auquel cas nous ou notre bailli serons tenus de leur envoye

bus requisitis ad minus usque ad duos, ad judicium ipsum de novo faciendum cum burgensibus supradictis, et judicium à dictis burgensibus et militibus à nobis vel à mandato nostro ad hoc missis factum stabile permanebit. Quod si nos vel ballivus noster duos ad minus de militibus requisitis infra viginti dies post requisitionem burgensium ad hoc non mitteremus, burgenses facient judicium, et ipsum judicium non posset aliquatenus revocari.

CLAMOR qui ad nos vel ad mandatum nostrum fiet, tres solidos non excedet : et emenda forifacti triginta solidos similiter non excedet.

STATUIMUS etiam et eisdem burgensibus concessimus, quod nullum eorum extra villam Nivernensem, pro placitatione aut pro aliqua causa trahemus, et quod nullus eorum nec etiam res suæ à nobis vel à mandato nostro capientur pro aliquo forifacto, dum tamen habeat in villâ vel in potestate villæ undè juri parere possit : Et si non haberet undè juri parere posset, similiter capi non posset, nec etiam res suæ, dum se posset hostagiare : quod si fortè caperetur, burgenses possent captum excutere à quocumque capient sine se mesfacere, exceptis pro tribus forifactis, furto, raptu et homicidio, pro quibus vel pro quorum altero nullus qui sit de libertate istâ capi

les gentilshommes qu'ils nous auront demandés, tout au moins jusqu'à deux, pour juger de nouveau avec lesdits bourgeois. Le jugement donné par lesdits bourgeois et gentilshommes, par nous ou notre dit bailli envoyez, demeurera ferme et stable. Que si vingt jours après la réquisition desdits bourgeois, nous ou notre bailli, différions d'envoyer deux des gentilshommes desquels nous aurions été requis, lesdits bourgeois pourront juger, et ledit jugement ne pourra, en aucune façon, être révoqué.

La clame faite à nous ou à celui qui nous représente, n'excèdera trois sous, et l'amende du forfait semblablement n'excèdera trente sous.

Nous avons aussi ordonné et accordé auxdits bourgeois que, pour notre plaisir ou autre cause, nous n'attirerons aucun d'eux hors de la ville de Nevers, et que pour aucun forfait, nous ni celui qui nous représente ne se saisira d'aucun d'eux, ni de chose qui soit à eux, moyennant toutefois qu'il ait dans la ville ou puissance d'icelle, de quoi obéir à droit : et s'il n'avait de quoi y satisfaire, de même lui ni ses moyens ne pourront être pris, trouvant un répondant. Que si d'aventure il était pris, les bourgeois le pourront recouvrer des mains de quel qu'il soit qui l'eût pris, sans se méfaire ; excepté pour trois forfaits, larcin, rapt et homicide, pour lesquels ou l'un d'eux, nul

poterit, nisi repertus fuerit in præsenti forifacto, vel nisi aliquis appareat, qui paratus sit probare rationabiliter quòd hujusmodi fecerit forifactum : et tunc etiam extra villam duci non poterit, quousque hujusmodi forifactum cognitum fuerit, vel probatum rationabiliter coram nobis vel coram mandato nostro in curia nostra Nivernensi. Et si forsitam duceretur extra villam ante cognitionem vel probationem forifacti, ut dictum est burgenses possent ipsum excutere sine se mefacere; ita quod interim custodient, si voluerint, ipsum captum in villa vel ipsum mandato nostro tradent, qui per juramentum suum ipsum, recipere et in villa custodire tenetur, quousque forifactum, ut dictum est, esset cognitum vel probatum.

BANNUM vindemiandi dictis burgensibus quatuor committimus omninò, ita quod ipsum bannum ex parte nostra facient edici et terminum abreviare vel prolongare prout viderint expedire, nulla præposito nostro potestate retenta illud relaxandi aut propter hoc aliquid petendi vel recipiendi. Qui extunc vindemiantes impedierit, nos impedimentum tollemus.

USUM piscandi in aquis nostris Ligeris, Nervii et Moissæ eisdem burgensibus liberè concedimus.

STATUIMUS etiam et concedimus eisdem quod quandocumque

qui soit de cette franchise ne pourra être pris, s'il n'est trouvé en présent forfait, ou s'il n'apparaît quelqu'un qui soit prêt de prouver complètement qu'il ait commis ce forfait : et lors encore il ne pourra être conduit hors la ville, jusqu'à ce que tel forfait soit connu ou dûment prouvé pardevant nous, ou celui qui nous représente en notre cour de Nevers. Que si d'aventure il était conduit hors la ville avant qu'entrer en connaissance ou prouve du forfait, les bourgeois le pourraient recouvrir sans se méfaire, comme a été dit ; de sorte que cependant ils seront tenus garder en ladite ville le prisonnier, ou le délivrer à celui qui nous représente, qui, par son serment, sera tenu le recevoir et le garder en la ville, jusqu'à ce que le forfait, comme dit est, soit connu ou prouvé.

Nous commettons entièrement auxdits quatre bourgeois le ban des vendanges, à la charge de le faire publier de par nous, et abréger ou prolonger le temps, ainsi qu'ils verront être expédient, sans qu'il demeure aucun pouvoir à notre prévôt de le relâcher, ou demander ou recevoir pour ce faire quelque chose. Que si aucun dès-lors empêche les vendangeurs, nous lèverons cet empêchement.

Nous concédons librement auxdits bourgeois l'usage de pêcher en nos eaux de Loire, Nièvre et Mouësse.

Nous ordonnons aussi et leur accordons que toutes et quantes

dicti quatuor burgenses aut tres eorum alios, burgenses pro negotiis villæ tractandis convocare voluerint, licebit eis ex parte nostra facere edictum convocandi eos Nivernis. Pro his siquidem quittationibus, constitutionibus et conventionibus in hac charta contentis, burgenses nostri de Nivernis concesserunt nobis et successoribus nostris in perpetuum censam inferius annotatam, nobis vel mandato nostro annuatim reddendam infra tertium diem festi beati Martini Hyemalis, quæ talis est : omnis de libertate istâ existens, qui, ad circunspectionem dictorum quatuor burgensium et eorum quos ad hoc vocaverint, quadraginta solidos nobis dare poterit competenter, nobis dabit illos de monetâ currente Nivernis, et nihil ampliùs. Qui verò quadraginta solidos nobis dare non poterit competenter, à quadragenta solidis usque ad duodecim denarios ad æstimationem dictorum quatuor burgensium et eorum quos ad hoc vocaverint nobis dabit : et fiet descensus iste ad æstimationem eorundem. Et dicti quatuor burgenses, et ipsi quos ad hoc vocabunt, jurabunt quòd censam facient bonâ fide, nullum in hoc attendentes odium vel amorem : et sic erimus contenti tali summâ, qualem ipsi facient per suum juramentum : et præpositus noster Nivernensis tenebitur censam levare secundum transcriptum quod ei tradiderint dicti quatuor burgen-

fois que lesdits quatre bourgeois ou trois d'eux voudront assembler les autres bourgeois pour traiter des affaires de ville, il leur sera permis le faire publier de par nous, pour les assembler à Nevers; d'autant que pour ces quittements, statuts et conventions ci-dessus exprimées, nos bourgeois de Nevers nous ont accordé et à nos successeurs, à perpétuité, le cens ci-après désigné, payable chacun an à nous ou à notre commis, le troisième jour après la fête Saint-Martin d'hiver, qui est tel : toute personne demeurant en ladite franchise que lesdits quatre bourgeois, et ceux qui par eux à ce faire seront appelés, jugeront nous pouvoir aisément payer quarante sous, il sera tenu nous les payer de monnaie ayant cours à Nevers, et rien plus. Mais qui ne nous pourra payer commodément quarante sous, il nous payera depuis quarante sous jusqu'à douze deniers, à l'estimation desdits quatre bourgeois, et de ceux qu'à cet effet ils voudront appeler ; et ce fera ce rabais à l'estimation des dessus dits. Jureront lesdits quatre bourgeois, et ceux qu'ils appelleront avec eux, qu'ils feront le département de bonne foi, sans haine ni faveur aucune : et par ce moyen serons contents de telle somme qu'ils auront départie par leur serment ; et notre prévôt de Nevers sera tenu lever ledit cens, selon le rôle qui lui sera délivré par lesdits quatre bourgeois, et même

ses, et etiam gagiare, si opus fuerit; sed propter hoc nullam habebit emendam, et communitas villæ aut aliquis qui sit de libertate istà in nullo alio servitio nobis tenebitur.

SI quis de foris ad habitandum in villâ venerit, sicut cœteri burgenses sub hac libertate et consuetudine securè et liberè permanebit : servientes tamen nostros, aut homines nostros, vel feminas nostras de capite in hac libertate non poterunt retinere, nisi de speciali mandato nostro.

SI quis de foris venientium infra annum et diem ab aliquo fuerit requisitus, Nivernensi juri parebit : quod si noluerit juri parere, consuetudinem villæ requiret, et licebit ei per quatuordecim dies sub salvo conductu nostro recedere, et se et res suas quousque voluerit ducere. Si verò infra annum et diem non fuerit requisitus, dum tamen interim potuerit rationabiliter requiri, deinceps noster burgensis liber remanebit.

OMNES autem qui de libertate ista erunt, quotiescumque eis placuerit, poterunt ire quocunque voluerint liberè et absolutè cum universis rebus suis, et ea quæ in villâ vel alibi in potestate nostrâ habent liberè et pacificè interim tenebunt, et quando eis placuerit, poterunt redire in libertate villæ sicut cæteri burgenses.

gager les refusants, si besoin fait; pour ce ne lui sera due aucune amende et ne nous sera tenue la communauté de la ville ou aucun qui soit de cette franchise, en aucun autre devoir.

Si quelqu'un de dehors vient en la ville pour y demeurer, il y demeurera en toute sûreté et liberté sous cette franchise et coutume, comme les autres bourgeois : ils n'y pourront toutefois retenir nos sergents, ou nos hommes, ou nos femmes de condition, si ce n'est de notre mandement spécial.

Si quelqu'un de ceux venant du dehors dans l'an et jour est recherché par aucun, il obéira au droit de la ville de Nevers : que s'il n'y veut obéir, il s'aidera de la coutume, et lui sera permis l'espace de quatorze jours de se retirer avec son bien où bon lui semblera. Mais si dans l'an et jour il n'est recherché, moyennant toutefois que cependant il l'ait pu être avec raison, par après il demeurera libre pour un de nos bourgeois.

Tous ceux qui seront de cette franchise pourront aller librement et absolument avec tous leurs biens où ils voudront, toutefois et quantes fois qu'il leur plaira, et cependant tiendront et possèderont librement et paisiblement tout ce qu'ils ont en la ville ou autre lieu où avons pouvoir : et quand il leur plaira, pourront retourner en la franchise de ladite ville comme les autres bourgeois.

SI aliquis vel aliqua sine filio vel filiâ decesserit, escheta mortui vel mortuæ sine merciamento aliquo ad propinquiorem liberum heredem deveniet. Quòd si statim hujusmodi propinquior heres eschetam non requisierit, anno et die refervabitur justo heredi per manum dictorum quatuor burgensium. Si autem propinquior heres infra annum et diem eschetam non requisierit, dum tamen require potuerit competenter, deinceps super hoc nullatenus audietur, immo ad nos plenariè devenieteschetam.

ET sciendum quòd si aliquis dictorum quatuor burgensium tali impedimento fuerit impeditus, quòd non possit cum aliis interesse ad præmissa facienda, tres alii, et illi quos ad hoc vocaverint, substituent alium loco ejus, qui cum aliis erit ad præmissa facienda juratus, donec primò electus fuerit expeditus.

QUICUNQUE possessiones aut res alias per emptionem anno et die tenuerit pacificè, elapso anno et die nullus audietur contra possidentem, nisi taliter interim fuerit impeditus, quòd jus suum non potuerit reclamare.

SI aliquis burgensis pro debito nostro captus fuerit, nos cum liberari faciemus. Quòd nisi ipsum fecerimus liberari, de nummis censæ nostræ liberabitur, et omnia de perdita justè probata, quæ occa-

Si aucun ou aucune décède sans fils ou fille, l'échoite du décédé ou décédée appartiendra au plus prochain héritier, libre sans aucune récompense. Que si ce plus proche héritier ne recherche incontinent ladite échoite, elle sera réservée dans l'an et jour par la main desdits quatre bourgeois ou légitime héritier. Mais si ce plus proche héritier, dans l'an et jour, ne fait recherche de l'échoite, moyennant que compètemment il l'ait pu rechercher, il ne pourra plus par après sur ce être ouï, ainsi l'échoite nous appartiendra pleinement.

Et faut savoir si aucun desdits quatre bourgeois avait tel empêchement, qu'il ne se pût trouver avec les autres pour faire ce que dessus, les trois autres, et ceux lesquels à cet effet ils appelleront, en substitueront un autre en son lieu, qui prêtera serment d'exécuter ce que dessus avec les autres, jusqu'à ce que le premier élu soit hors d'affaires.

Quiconque aura tenu par an et jour paisiblement des possessions ou autre chose, à titre d'achat, l'an et jour passé, nul ne sera ouï contre le possesseur, sinon que cependant il ait été tellement empêché qu'il n'ait pu demander son droit.

Si quelque bourgeois est pris pour notre dette, nous le ferons délivrer. Que si nous ne le faisons délivrer, il sera délivré des deniers de notre censive, et tout ce qu'il prouvera justement avoir perdu à

sione captionis incurrerit, restituentur eidem de denariis censæ nostræ. Si verò pro aliâ causâ aliquis eorum captus fuerit, nos bonâ fide ipsum liberari faciemus.

· EQUOS, jumenta, asinos, vel quadrigas burgensium quacunque necessitate urgente à ministris nostris in villâ, vel infra cruces capi nullatenus permittemus. Quòd si fortè capiantur, burgenses sine se mefacere poterunt ea excutere à quocunque capiente.

· QUICUNQUE ligna ad villam Nivernensem attulerit, ex quo infra cruces devenerit, ipse aut res ejus extunc nullum impedimentum sustinebunt.

SPATIUM autem crucium durat usque ad crucem de Monteth, et exinde directè usque ad pontem sancti Ursi, et exinde usque ad pontem mali campi*, et exinde usque ad portum de Conflent**, et exinde usque ad ulmum pediculosam ***.

QUICUNQUE ad forum nostrum die sabbati, vel ad nundinas villæ de foris venerit, sub salvo conducto nostro erit bonâ fide eundo vel redeundo, nec poterit capi vel vadiari, nisi pro debito cognito à

l'occasion de sa capture, lui sera rendu des deniers de notre censive. Mais si pour autre cause aucun d'eux est pris, nous le ferons délivrer de bonne foi.

Nous ne permettons aucunement qu'en la ville ou dans les croix, nos domestiques prennent les chevaux, juments, ânes ou charriots des bourgeois, pour quelque urgente nécessité que ce soit. Que si d'aventure ils les prenaient, les bourgeois les pourront ôter à qui que ce soit qui les ait pris, sans se méfaire.

Quiconque amènera bois en la ville de Nevers, dès-lors qu'il sera entré dans les croix, il ne lui sera fait aucun destourbier ni à tout ce qu'il aura.

Or, l'espace des croix s'étend jusqu'à la croix de Montheth; et de là droit jusqu'au pont Saint-Ours, et de là jusqu'au pont de Mauchamp, et de là jusqu'au pont de Conflent, et de là jusqu'à l'Orme-Pouilleux.

Quiconque viendra de dehors le samedi à notre marché ou aux foires de la ville, il demeurera allant et retournant sous notre sauf-conduit de bonne foi, et ne pourra être pris ni gagé, sinon pour dette re-

---

* *Pons malis campi.* — Il est sur la vieille route de Paris, ruisseau de la Bussière, entre Vernuche et le hameau de Foncelin.

** *Portus de Conflent.* — Le port de Conflans était en face du Bec-d'Allier, commune de Marzy.

*** *Ulmus pediculosa* — L'orme pouilleux, sur la route de Lyon, à la croisée des chemins qui vont, l'un à l'église de Challuy, l'autre à Guain.

debitore, vel pro fidejussione cognita à fidejussore.

QUOTIENS ballivum, vel præpositum, aut alium mandatum nostrum de Nivernis mutaverimus, ipsos jurare faciemus, quòd omnia præmissa per suum juramentum observent, et quòd nullam injustam occasionem molestandi burgenses exquirent : et donec juraverint, non habebunt eos burgenses pro præposito, neque pro ballivo nostro, neque pro mandato nostro.

SI verò in aliquo præmissorum contra burgenses offenderimus, ad ammonitionem eorum infra viginti dies ammonitionis suæ malè acta emendabimus. Quòd si fortè facere contempserimus, burgenses, si voluerint, poterunt à villâ recedere sine jacturâ corporum suorum et rerum suarum tam mobilium, quàm immobilium *.

UT autem hæc omnia præmissa, et singula præmissorum firma et inconcussa permaneant in futurum, tactis sacrosanctis evangeliis solenniter juravimus, quòd ipsa observabimus et tenebimus firmiter bonâ fide, et faciemus à nostris similiter observari. Et heres noster, cùm ad ætatem quindecim annorum pervenerit, vel successor et uxor ejus, jurabunt modo simili

connue par le répondant, ou pour cautionnement aussi reconnu.

Toutes et quantes fois que nous changerons de bailli, prévôt ou autre ayant charge de nous en la ville de Nevers, nous les ferons jurer que par leur serment ils observeront toutes les choses susdites, et ne rechercheront aucune injuste occasion de molester les bourgeois. Et jusqu'à ce qu'ils aient juré, les bourgeois ne les tiendront pas pour prévôt, ni bailli, ni pour avoir charge de nous.

Que si, au préjudice desdits habitants, nous contrevenons en quelque chose à ce que dessus, en étant par eux avertis, nous réparerons le méfait dans vingt jours, à compter du jour dudit avertissement. Que si d'aventure nous ne le voulions faire, les bourgeois, si bon leur semble, se pourront retirer de la ville sans perte de corps et de biens, tant meubles qu'immeubles.

Et afin que toutes les choses susdites et chacune d'elles demeurent fermes et stables à l'avenir, nous avons formellement juré, par l'attouchement des saints évangiles, que nous les observerons et entretiendrons fermement de bonne foi, et les ferons semblablement observer aux nôtres. Et lorsque notre héritier aura atteint l'âge de quinze ans, ou son successeur et sa fem-

---

* Les conventions qui précèdent ont été écrites par Pierre de Courtenay. Guy et Mathilde y ont ajouté évidemment ce qui suit, à la promulgation de la susdite charte.

quòd hæc omnia tenebunt firmiter, et fideliter observabunt. Omnes etiam illos, qui nobis in dominio villæ Nivernensis succedent, volumus et concedimus teneri ad præmissa juramenta facienda, et ipsos ad hoc specialiter obligamus ex pacto, ita quod donec juraverint, et litteras suas patentes de præmissis omnibus observandis et tenendis tradiderint sine interventu pecuniæ burgensibus de Nivernis, burgenses ipsi non tenebuntur ipsos habere pro dominis, neque eis fidelitatem facere, nec censam reddere suprà dictam : et sic fiet de hærede in heredem. Rogavimus insuper, et requisivimus charissimum dominum nostrum Ludovicum Dei gratià Francorum regem, quòd litteras suas patentes tradat testimoniales de omnibus suprà dictis. Rogavimus etiam venerabiles patres et dominos Lugdunensem, Bituricensem et Senonensem Archiepiscopos, Eduensem, Lingonensem, Altissiodorensem, et Nivernensem Episcopos, quòd litteras suas patentes tradant dictis burgensibus, de præmissis quitationibus et conventionibus observandis. Et si fortè resilierimus ab ipsis conventionibus vel quitationibus superiùs expressis, quòd ipsi in personas nostras, hæredum et successorum nostrorum, excommunicationis in terram nostram, et in homines nostros interdicti sententias, ad petitionem burgensium vel mandati eorum ponant, hujus-

me, ils jureront semblablement qu'ils entretiendront toutes ces choses fermement et les garderont fidèlement. Nous voulons encore et accordons que tous ceux qui nous succèderont en la seigneurie de la ville de Nevers, soient tenus de faire tels serments, et les obligeons à ce spécialement par paction ; de sorte que jusqu'à ce qu'ils aient fait ledit serment et donné leurs lettres-patentes, sans argent, aux bourgeois de Nevers, de garder et entretenir toutes les choses susdites, lesdits bourgeois ne seront tenus de les reconnaître pour seigneurs, ni leur faire la foi, ni leur payer le cens susdit, et se fera ainsi d'héritier en héritier. Nous avons d'abondant prié et requis notre très-cher seigneur Louis, par la grâce de Dieu, roi de France, qu'il donne ses lettres-patentes approbatives de tout ce que dessus. Nous avons aussi prié les vénérables pères et seigneurs archevêques de Lyon, de Bourges, de Sens, évêques d'Autun, de Langres, d'Auxerre et de Nevers, qu'ils donnent leurs lettres-patentes auxdits bourgeois, sur l'observance des quittements et conventions susdites. Que si d'aventure nous venions à résilir des conventions ou des quittements ci-dessus exprimés, ils donnent leurs sentences d'excommunication contre nos personnes, nos héritiers et successeurs, notre terre, et d'interdit contre nos gens, à la requête desdits bourgeois ou

modi sententias nullatenus relaxaturi, donec emendatum sit id, quod contra burgenses, aut contra ea quæ in ista charta continentur à nobis vel à successoribus nostris minus justè fuerit attentatnm, nisi, ut dictum est, infra viginti dies malè acta fecerimus emendari : et quòd hoc similiter faciant de hæredibus et successoribus nostris, si contra præmissa venire in posterum attentaverint. De mandato etiam nostro et speciali præcepto, dilecti et fideles nostri Archembaldus dominus Borbonensis, Simon dominus Lusiaci, Galtherius de Joigniaco, Odo de Castellione, Johannes de Tosciaco, Ansericus de Baserna, Hugo dominus Ulmi, Arnulfus Chalderonensis dominus de Feritate, Hugo dominus de sancto Verano, Milo dominus Noëriorum, Willelmus de Merloto, Petrus de Barris, Willelmus de Barris, Hugo dominus Salviaci, Iterius dominus Frasniaci, juraverunt se prædictas quitationes et conventiones et omnia prædicta quantùm in eis est, fideliter observare : et quòd contra chartam præmissam, aut contra ea quæ in ipsâ charta continentur, nobis aut successoribus nostris non dabunt consilium vel auxilium veniendi : et ad consimilia juramenta facienda hæredes dictorum baronum bona fide inducemus, cùm a dictis burgensibus, vel ab eorum mandato fuerimus requisiti.

EGO etiam Matildis comitissa per

de leur procureur, sans que jamais ils lèvent lesdites sentences, jusqu'à ce qui a été, par nous ou nos successeurs, moins justement attenté contre les bourgeois, soit réparé ; si non que, comme a été dit, dans vingt jours nous ayons fait réparer le méfait ; et qu'ils fassent le semblable, soit à nos héritiers, soit à nos successeurs, si, par ci-après, ils contreviennent et attentent à ce que dessus. Semblablement de notre mandement et spécial commandement, nos amez et féaux Archambault, sieur de Bourbon ; Simon, sieur de Luzy ; Gaulthier de Joigny, Odo de Châtillon ; Jean de Tosci ; Anséric de Baserne ; Hugues, sieur de l'Orme ; Arnulfe de Chaulderon, sieur de Laferté ; Hugues, sieur de Saint-Verain ; Miles, sieur de Noyers ; Guillaume de Marlot, Pierre des Barres ; Guillaume des Barres ; Hugues, sieur du Sauvaige ; Itier, sieur de Frasnay, ont juré d'observer fidèlement, en tant qu'il leur est possible, tous les susdits quittements et conventions de toutes les choses susdites : ils ne nous prêteront, ni à nos successeurs, aucun conseil ni aide pour contrevenir au présent traité, ou à ce qui est convenu en icelui, et induirons de bonne foi les héritiers desdits barons à faire semblables serments, quand nous en serons requis par lesdits bourgeois ou leur procureur.

De même, je, Mathilde, comtesse,

juramentum meum præstitum confiteor et affirmo, quòd hæc omnia præmissa et singula præmissorum pro evidenti utilitate præsenti pariter et futurâ, meâ heredùmque meorum, et pro emendatione villæ meæ Nivernis, provida, et cum deliberatione prævia, diligenti, sponte facio pariter et concedo, renuncians quo ad hæc per juramentum meum expressè omni actioni et exceptioni tutelæ, revocationis et deceptionis cujuscunque, omnique juri et privilegio in favorem mulierum introductis, et specialiter omnibus litteris tam impetratis, quâm impetrandis. quibus contra præmissa, vel contra aliqua præmissorum aliquatenus possem uti. Quod ut perpetuæ stabilitatis robur obtineat, præsentem chartam sigillorum nostrorum munimine confirmamus*.

ACTUM publicè Niverni anno domini millesimo ducentesimo trigesimo primo, sexto Calendas Augusti.

par le serment par moi prêté, confesse et affirme que, de ma libre volonté, je fais et accorde toutes ces choses, et chacune d'elles bien avisée et avec exacte et diligente délibération, pour mon évidente utilité présente et future et de mes héritiers, et pour l'amendement de ma ville de Nevers. Je renonce quand à ce, par mon serment, expressément à toute action et exception de tutelle, révocation et déception quelconque, et à tout droit et privilége introduits en faveur des femmes, et spécialement à toutes lettres tant obtenues qu'à obtenir, desquelles je me pourrais servir contre ces présentes et contre partie d'icelles, en quelque façon que ce soit ; et afin que ce demeure ferme et stable, nous avons confirmé ces présentes lettres par l'apposition de nos sceaux.

Fait publiquement à Nevers, l'an de grâce mil deux cent trente-un, le vingt-septième jour de juillet.

Selon le désir de Guy et de Mathilde, exprimé dans leur charte, quinze des plus puissants vassaux du Comte : Archambault sire de Bourbon, Simon de Luzy, Gaulthier de Joigny, Odo ou Eudes de Châtillon, Jean de Tosci, Ansèric de Baserne, Hugues de Lormes, Arnulphe Chaulderon de La Ferté, Hugues de Saint-Verain, Milon des Noyers, Guil-

---

* Ce paragraphe ne semble-t-il pas dire, ainsi que nous l'avons observé, que Pierre de Courtenay, en tant que tuteur, ne pouvait engager sa fille par ses conventions ? On comprend ainsi pourquoi tous les seigneurs qui confirmèrent cette charte parlèrent de Mathilde, et se turent sur le nom même de son père.

laume de Mellot, Pierre et Guillaume des Barres, Hugues de Jalligny, Itier de Frasnay, promirent par une charte collective, la main sur les saints Évangiles, de ne donner ni conseil ni secours au Comte et à ses successeurs, si enfreinte est portée aux franchises. Voici la charte de ces quinze principaux vassaux du comté de Nevers :

Serment des quinze grands vassaux du comté de Nevers.

Nos Archembaldus, dominus Borbonensis; Simon, dominus Luziaci; Galtherius de Joigniaco ; Odo, dominus Castellionis; Johannes, dominus Tosciaci; Ansericus, dominus Baserne; Hugo, dominus Ulmi ; Arnulphus Chalderonis, dominus Feritatis ; Hugo, dominus Sancti Verani ; Milo, dominus Noeriorum ; Willelmus de Merloto; Petrus de Barris; Willelmus de Barris; Hugo, dominus Jaliniaci, et Iterius, dominus Frasniaci, notum facimus omnibus præsentibus et futuris quod conventiones et omnia quæ continentur in carta libertatis quam dominus noster Guido, comes Nivernensis et Forensis, et Mathildis comitissa uxor ejus, concesserunt burgensibus suis Nivernensibus, prout in carta ipsorum comitis et comitissæ quam ipsi burgenses habent pleniùs continentur, juravimus tactis sacro sanctis Evangeliis, quantum in nobis est, fideliter observare, et quod contra cartam illam aut contra ea quæ in ipsa continentur dictis comiti vel comitissæ aut successoribus eorum non dabimus consilium vel auxilium veniendi. Quod ut ratum et firmum in perpetuum habeatur, de mandato dictorum comitis vel comitissæ præsentes litteras fecimus sigillorum nostrorum munimine roborari. Actum anno Domini millesimo ducentesimo tricesimo primo, mense Julio.

Les archevêques de Lyon, de Bourges et de Sens, les évêques d'Auxerre, d'Autun, de Langres et de Nevers, prêtant aux manants l'appui de leur ministère sacré, donnèrent aussi leurs lettres-patentes. Ces lettres se ressemblent toutes. Je publie seulement celle de l'évêque d'Auxerre et celle de l'archevêque de Lyon, les autres ne différant que par le nom du signataire.

Lettres-patentes de l'Évêque d'Auxerre *.

(Juillet 1231.)

HENRICUS, Dei gratiâ Altissiodorensis Episcopus, universis præsentes litteras inspecturis salutem in Domino. Noveritis quod dilecti in Christo et fideles nostri nobiles Guido Nivernensis et Forensis comes et Matildis uxor ejusdem comitis, nos rogarunt petentes instanter à nobis quod si ipsi aut hœredes vel successores eorum contra ea vel contra aliqua eorum quæ in carta libertatis villæ Nivernensis sigillis eorum sigillata et ab ipsis jurata continentur venire attemptaverint, nisi infra viginti dies post ammonitionem burgensium Nivernensium vel eorum mandati secundum continenciam cartæ predictæ emendaverint vel fecerint emendari, nos et successores nostri in personas eorum hœredum et successorum suorum, excomunicationis in terram et homines eorumdem in nostra duntaxat diocesi existentes interdicti sentencias ponamus cum à dictis burgensibus vel ab eorum mandato super hoc fuerimus requisiti, hujusmodi sentencias nullatenus relaxaturi, donec plene fuerit emendatum id quod contra cartam predictæ libertatis in præjudicium dictorum burgensium minus juste fuerit acceptatum. Nos verò dictorum nobilium comitis et comitissæ in posterum possumus secundum Deum petitionibus favorabilem præbentes assensum predictis burgensibus per præsentes litteras concedimus quod, si dicti comes vel comitissa vel eorum hœredes in aliquo venirent contra predictas libertates in carta præfata contentas, nisi infra viginti dies post monitionem

---

* Pour déchiffrer toutes ces lettres-patentes, dont la plupart sont en lambeaux, j'ai eu quelquefois recours à la complaisance de mon excellent confrère et ami, M. Leblanc-Bellevaux, archiviste de la préfecture, dont l'intelligent concours ne m'a jamais fait défaut.

nostram emendare curarent vel facerent emendari secundum continenciam cartæ predictæ, nos eorum personas ad petitionem dictorum burgensium vel eorum mandati excomunicationi supponeremus, salvo tamen jure in omnibus ecclesiarum et ecclesiasticarum personarum, ut per hanc concessionem nostram nullum eis possit præjudicium gravari. Actum anno Domini millesimo ducentesimo tricesimo primo mense Julio.

Lettres-patentes de l'Archevêque de Lyon.

(Septembre 1231.)

R. Dei gratiâ primæ Lugdunensis ecclesiæ archiepiscopus, universis presentes litteras inspecturis salutem in Domino. Noveritis quod dilecti in Christo et nobiles Guido Nivernensis et Forensis comes et Mathildis comitissa uxor ejusdem comitis, nos rogarunt petentes instanter à nobis quod si ipsi aut heredes vel successores eorum contra ea vel contra aliqua eorum quæ in carta libertatis villæ Nivernensis sigillis eorum sigillata et ab ipsis jurata continentur venire attemptaverint, nisi infra viginti dies post ammonitionem burgensium Nivernensium vel eorum mandati secundum continenciam cartæ premissæ emendaverint vel fecerint emendari, nos et successores nostri in personas corum heredum et successorum suorum excomunicationis et in terram et homines eorumdem in nostra duntaxat diocesi existentes interdicti sentencias ponamus quamdiù comes predictus comes fuerit Nivernensis, cum à dictis burgensibus vel ab eorum mandato super hoc fuerimus requisiti, hujusmodi sentencias nullatenus relaxaturi donec plene fuerit emendatum id quod contra cartam predictæ libertatis in prejudicium dictorum burgensium minus juste fuerit acceptatum. Nos verò dictorum nobilium comitis et comitissæ petitionibus favorabilem in hoc prebentes assensum predictis burgensibus presentes litteras de premissis... ....adimplendis concessimus sigilli nostri caractere consignatas.

Actum anno Domini millesimo ducentesimo tricesimo primo, mense septembris.

La charte de 1231 [1], déjà confirmée par saint Louis, le fut encore en 1356 par Charles, régent, fils du roi Jean. Les archives de la ville possèdent l'original de cette confirmation. En voici la copie fidèle :

Confirmation du titre de Guy et Mathilde, par Charles, régent de France et dauphin de Viennois.

(6 février 1356.)

CAROLUS, regis Franciæ primogenitus ipsiusque locum tenens, dux Normanniæ et delphinus Viennensis, notum facimus universis tàm præsentibus quàm futuris litteras infrà scriptas vidisse, formam quæ sequitur continentes :

EGO GUIDO NIVERNENSIS ET FORENSIS COMES, ET EGO MATILDIS COMITISSA UXOR EJUSDEM COMITIS, etc.

Quas quidem litteras et omnia et singula in ipsis contenta, de quibus in eisdem mentio habetur, et quibus habitatores pacificè usi fuerunt, rata et grata habentes; eo volumus, laudamus, approbamus, gratificamus, ac tenore præsentium de gratia speciali et authoritate regia nobis in hac parte attributa confirmamus, regio et alieno in omnibus jure salvo. Quod ut firmum et stabile perpetuo perseveret, in præsentibus sigillum Castelli parisiensis, in absentia magni sigilli domini genitoris nostri duximus apponendum.

Datum in castro de Lupara, justa Parisios, anno Domini millesimo trecentesimo quinquagesimo sexto, mense februario.

En 1549, le 12 février, François, duc de Nevers, confirma les priviléges accordés par Guy et Mathilde. Ce docu-

---

[1] Philippe-Auguste avait aussi donné des lettres confirmatives de la charte de Pierre de Courtenay. (*Voir* le *Recueil des Ordonnances des rois de France*, t. III.)

ment est sur un parchemin parfaitement conservé. Le cachet, aux armes du duc, est suspendu par des lacs de soie verte. Cette pièce authentique est très-remarquable par l'énumération complète des titres de François, créé duc de Nivernais en 1538 [1].

Confirmation de la charte de 1231, par François, duc de Nivernais.

(12 février 1549.)

FRANÇOIS, duc de Nivernais, comte d'Eu, de Dreux, de Rethelois, Beaufort et Auxerre, pair de France, vicomte de

---

[1] Il y a quelques années, M. Dupin aîné, alors directeur de l'Académie française, a publié un éloge fort remarquable du dernier duc de Nivernais, qu'il avait prononcé dans la séance de l'Académie du 21 janvier 1840. Cet opuscule est accompagné de notes et d'éclaircissements historiques, où se trouve l'assertion suivante, page 33 : « Louis de Gonzague, marié à Henriette de Clèves, fut le » premier duc de Nivernais, érigé en duché-pairie en 1538. »

L'exemplaire qui est à la bibliothèque nivernaise contient de plus, avec la lettre d'envoi de l'auteur, deux portraits d'après une peinture de Ramsay, celui de Louis de Gonzague et celui de Mazarini-Mancini, que M. Dupin appelle le *premier* et le *dernier* duc de Nivernais.

Je m'incline profondément devant la vaste érudition de l'illustre académicien, une des gloires contemporaines de la Nièvre; mais, malgré son imposante autorité, je ne puis me décider à partager une opinion qui est démentie par une foule de documents, entre autres la charte confirmative de François de Clèves, dont nos archives possèdent l'original, et surtout par l'histoire du Nivernais elle-même.

M. Dupin a raison de dire que le Nivernais a été érigé en duché-pairie en 1538. Mais, à cette époque, il était au pouvoir de François de Clèves, qui s'intitule duc de Nivernais dans tous les actes postérieurs à 1538, et que le roi de France François II appelle de ce nom dans l'acte du contrat de mariage avec Marie de Bourbon, qui a été signé le 2 octobre 1560, et que je donne plus loin.

François Ier de Clèves eut pour successeurs, d'abord son fils aîné François II en 1562, puis son autre fils Jacques de Clèves, en 1563. L'année suivante, leur sœur, Henriette de Clèves, hérita du Nivernais, et transmit les droits de la maison de Clèves à celle de Mantoue, par son mariage avec Ludovic de Gonzague, qui eut lieu en 1565.

Ludovic ou Louis de Gonzague est donc le quatrième duc de Nivernais, et non pas le premier, ainsi que le prétend M. Dupin.

Saint-Florentin, Héruy, Chaource, d'Anémoine, séant en Othe, baron de Donziois, de Fronsac, de Lespars, de Résois et Colommiers en Brie, seigneur souverain de Château-Renaud, de Raucourt contre Meuse et de Bois-Bel, seigneur châtelain des Lays et de Villemar; et Marin, Jully, Jaucourt, Langrève; châtelain de La Chapelle-d'Angillon, Drial, Monron, Saint-Amand; seigneur d'Anglemontier, Pourouard et de Saint-Éloy en Flandre; gouverneur et lieutenant-général pour le roi, en son pays de Champagne et Brie, à tous ceux qui ces présentes lettres verront, salut; savoir faisons :

Que nous, considérant les libertés, droits, conventions, franchises, priviléges et immunités donnés et octroyés par nos très-honorés seigneurs prédécesseurs, aux échevins, manants et habitants de notre bonne et principale ville et cité de Nevers, pour plusieurs bonnes, justes, équitables et raisonnables causes à ce les nommant, en laquelle volonté, désir et affection nosdits prédécesseurs eussent de toute ancienneté immémoriale, mêmement nos très-honorés seigneurs aïeul et père, en leur entrée et joyeux avènement en cette dite ville et cité de Nevers, par les mêmes causes aurions confirmé, agréé, loué, ratifié et approuvé, et de nouveau très-librement octroyé lesdits priviléges, conventions, franchises, libertés et immunités, principalement octroyés par feu de bonne mémoire M. Guy, comte de Nevers et de Forest, et Mme Mahault, comtesse desdits pays, son épouse, après à la fin de ces présentes insérés en témoignage perpétuel : pour ce est que nous, désirant suivre la bonne volonté de nosdits prédécesseurs, ayant connu le désir que lesdits échevins, manants et habitants de notre dite bonne ville et cité de Nevers, nous ont toujours porté en très-grande affection, et ainsi qu'ils nous ont montré en notre entrée et joyeux avènement en notre bonne ville et cité de Nevers, et à semblable fait à notre très-chère et très-amée compagne et épouse; remémorant et ressentant aussi les bons et agréables et recommandables services qu'ils nous ont toujours faits et continués envers feu, de bonne et heureuse mémoire, notre très-chère et honorée dame et mère, que Dieu absolve, tant de son vivant que de l'honneur qu'ils lui ont fait en ses obsèques et pompes funèbres faites au mois de décembre dernier passé Pour ces causes, voulant et désirant favorablement les traiter et gratifier en suivant nos seigneurs et prédécesseurs, avons aux susdits nos amés, féaux et loyaux sujets, échevins, bourgeois, manants et habitants de notre dite bonne ville et cité de Nevers, par l'avis et mûre délibération de notre conseil, sur ce par nous pour cet effet assemblé, confirmé, ratifié, loué et approuvé, confirmons, louons, ratifions et approuvons tous et un chacun les priviléges, franchises, libertés, conventions et immunités dont ils ont joui et jouissent à présent........ et pour la confirmation et entretenement d'iceux, nous jurons par ces présentes, en foi de prince, et promettons iceux priviléges ci-après insérés, garder fermement, inviolablement et perpétuellement, sans y contrevenir en aucune manière. (Suit la charte de 1231.)

Et lesquels priviléges ci-dessus jurés sont scellés sur cire verte, à deux doubles queues de peau pendantes; en témoin de ce nous avons signé ces présentes de notre main. fait contresigner par l'un de nos secrétaires, et scellé de notre scel.

Donné en notre ville de Nevers, le douzième jour de février, l'an 1549.

Ludovic de Gonzague fut le premier qui fit traduire en français la charte de 1231. Cette traduction existe dans nos archives; elle est revêtue du sceau de Ludovic. Je l'ai déjà donnée en regard du texte latin. Voici maintenant la confirmation de Ludovic et d'Henriette, sa femme:

Confirmation de la charte de 1231, par Ludovic, duc de Nivernais et prince de Mantoue, et Henriette, sa femme.

(Mai 1566.)

LUDOVICUS, dux Nivernensis, princeps Mantuanus, comes Rethelensis, Brabensis et Altissiodorensis, Dominus, Dei gratiâ, præcipuus Bois-Bellius, Aspremontensis et terrarum quæ sunt ultra fluvium Mosam, baro Frussassensis, Lesparensis, Rosiensis in Thyracia, et Colunniensis in Bixia, dominus Capellæ Angelonensis, Orvalensis, Montisrotondi, atque Sancti Amandi, dominus Angatitempli, Pontisronardi, et Sancti Eligii in Flandria, par Franciæ;

Et HENRICA, dux, princeps, comes, et domina supra dictorum locorum,

Universis præsentes litteras inspecturis salutem. Notum facimus quòd nos considerantes rationes et occasiones quæ defunctos dominos predecessores nostros optima et integra memoria valentes provocarunt ad dandum et concedendum charis dilectis, fidelibusque subditis, œdilibus et civibus atque habitantibus nostræ civitatis Nivernensis, jura, privilegia, libertates et immunitates quæ quidem fuerunt ab his confirmita in suis præclarissimis, faustissimisque ingressibus, quos fecerunt in hanc nostram urbem Nivernensem.

Nos autem eadem uti, qua nostri prædecessores voluntate usi sunt in nostros dictos cives, volumus : quia hi variis officiis et diligentiis se non minori cura nos colere velle quàm dictos prædecessores, etiam majori, si fieri possit, ostenderunt.

Quamobrem nos amicè et benignè eos tractari et muneribus atque levamine majore quam antea prosequi optantes atque clarum relinquentes, quòd quemadmodum nobis dant dabuntque occasionem clementis, et boni regiminis, nos illud exhibebimus, summamque eorum felicitatis, tranquillitatis et prosperitatis, curam adhibebimus.

Nos iis charis fidelibusque subditis nostris, œdilibus civibusque Nivernensibus decreto nostri prudentissimi consilii, ut jàm percipiant quidpiam nostræ liberalitatis, confirmavimus, laudavimus et approbavimus, confirmamus, laudamus et approbamus cuncta privilegia, libertates et immunitates, quibus usi sunt et nunc utuntur : inter cœtera ea præcipuè à ducibus illustribus Guidone et Matilda ejus uxore concessa, quorum tenor subsequitur :

In nomine Sanctæ et individuæ Trinitatis. Amen.

Ego Guido Nivernensis et Forensis Comes, et ego Matildis Comitissa uxor ejusdem Comitis omnibus notum facimus præsentibus pariter et futuris, etc..........

Quæ quidem privilegia sigillo ceræ viridis impresso, et ex duplicibus membranæ vinculis pendente suffulta sunt. Et pro confirmatione et integritate eorum privilegiorum juramus in fide inviolabili principum, et pollicemur his præsentibus litteris, ea nos integrè semper et firmiter sine quapiam revocatione servaturos. Quocirca his præsentibus signum manuale adjecimus, adjectoque signo secretarii nostri jussimus obsignare sigillo nostro. Datam in civitate nostrâ Nivernensi pridie nonas Maii, anno à Christo nato millesimo quingentesimo sexagesimo sexto.

Sic signatum, Lodovico, Henriette, et infrà : ex mandato domini et dominæ, Ducum, Principum, Comitumque. Marion. Ad latus verò ita scriptum est, Regesta per me, Le Gouasse.

Les bourgeois de Nevers avaient aussi demandé la garantie du chef suprême de la chrétienté. En 1245, le pape Innocent IV confirma leur émancipation de son autorité apostolique. Cette bulle, qui était parfaitement bien conservée dans nos archives, en a été soustraite depuis quelques années : heureusement qu'elle avait été déjà publiée dans le recueil de Rymer. Ce qu'elle renferme de plus remarquable, ce sont les paroles qui la terminent et que je me contenterai de citer :

Nulli ergo, *dit le pape*, omnino hominum liceat hanc paginam nostræ confirmationis infringere, vel ei ausu temerario contra ire. Siquis autem hoc attemptare præsumpserit, indignationem omnipotentis Dei, et beatorum Petri et Pauli, apostolorum ejus, se noverit incursurum. — Datum Lugduni VII Kal. Julii, pontificatus nostri anno tertio.

On a aussi soustrait les chartes confirmatives de Charles de Gonzague en 1566, d'Anne de Gonzague en 1639, de Mazarin en 1659, et de Philippe-Julien Mancini en 1691. Je n'en ai trouvé que des fragments informes ou des copies inexactes. Voilà pourquoi je me contente simplement de les signaler. Si je parviens à en découvrir quelque chose de plus authentique, je le publierai dans l'*Histoire du Droit municipal de Nevers*, sous forme d'appendice.

D'après la charte de 1231, l'administration des affaires de la ville était confiée aux quatre bourgeois élus par la communauté. Tous les habitants se rendaient aux assemblées, et le désordre ne tarda pas à s'y introduire. En 1511, à la suite de graves démêlés, les ecclésiastiques, les bourgeois et quelques artisans plus modérés délibérèrent qu'il fallait se pourvoir au roi et obtenir un règlement. Le roi Louis XII donna ses lettres-patentes à Paris, au mois de mai 1512, par lesquelles, en entérinant la requête des bourgeois, il ordonna que dorénavant le samedi, veille du dernier dimanche du mois d'août, *chacun an*, chaque échevin, dans son quartier (car chaque quartier avait le sien), assemblerait, à son de trompe et cri public, les habitants dudit quartier; qu'en sa présence, il serait élu huit ou six notables, tant ecclésiastiques que licenciés ès-lois, bourgeois et marchands *non faisant œuvre mécanique;* que ces huit ou six notables comparaîtraient le lendemain, dernier dimanche d'août, en assemblée tenue par les anciens échevins, et éliraient les nouveaux, dont serait dressé acte par les anciens.

Les archives de la commune possèdent l'original en parchemin de ces lettres-patentes, dont voici la copie exacte :

Lettres-patentes de Louis XII.

(Mai 1512.)

Louis, par la grâce de Dieu, roi de France, savoir faisons à tous présents et à venir, etc. Nous avons reçu l'humble supplication de nos chers et bien-aimés les échevins, bourgeois, manants et habitants de notre ville et cité de Nevers, contenant que par ci-devant leur ont été donnés plusieurs beaux droits, priviléges, libertés et franchises, desquels ils et leurs prédécesseurs ont toujours par ci-devant bien et dûment joui et usé, comme font de présent paisiblement et sans contredit quelconque ; toutefois pour le bien, profit et utilité de la chose publique de ladite ville et cité, et entretènement, police et autorité, gouvernement et conduite des affaires d'icelle ; considérant iceux suppliants que ladite ville est en pays limitrophe et de frontière, et est requis qu'elle soit régie et gouvernée en bonne police et entretènement ; iceux suppliants dûment assemblés en l'hôtel et corps commun de ladite ville, traitant des affaires d'icelle par bonne et mûre délibération, ont avisé nous supplier et requérir faire aucuns statuts et ordonnances pour la forme et manière ci-après déclarée, afin d'obvier inconvénients et dangers èsquels les habitants ont été par ci-devant ou pourraient par le temps à venir être, à cause des grosses mutineries, monopoles, séditions du menu peuple d'icelle ville qui assistait ès-assemblées et affaires communes de ladite ville, et que tout commun populaire, est y celui de qui il est prié, sans savoir ni enquérir qui est le plus propre et idoine audit état d'échevin, ni autres affaires de ladite ville, à l'occasion de quoi iceux suppliants nous ont très-instamment fait supplier et requérir que notre plaisir soit leur octroyer et accorder les articles ci-après insérés en la forme et manière qui s'en suit. C'est à savoir qu'un chacun samedi, veille et dernier dimanche du mois d'août, chacun an, un chacun desdits échevins de son quartier fera ou pourra faire assembler à son de trompe et cri public ou autrement, dûment au lieu qu'il verra le plus convenable en ladite ville, de tous ceux qui sont ou seront de son quartier, et en sa présence *pourront être élus huit ou six notables personnages dudit quartier, tant clercs, licenciés ès-lois, que bourgeois, marchands, habitants de la ville, non faisant œuvre mécanique,* lesquels huit personnages ainsi élus auront puissance d'eux trouver et comparoir audit dernier jour de dimanche dudit mois d'août, en la chambre et hôtel commun de ladite ville, ou autre lieu accoutumé, par-devant autres échevins, et pourvoir aux offices de ladite ville et pour l'année en suivant, dont toutefois les anciens échevins rédigeront ou feront rédiger par écrit la voix et opinions des élisants par leurs clercs ou scribes, audit hôtel commun de ladite ville, ainsi que par ci-devant ils ont accoutumé de faire, et à la plus grande partie des voix conclues. Et ceux qui ainsi seront élus par la plus grande partie des susdits ainsi choisis et pris ès-dits quartiers, seront et demeureront échevins et autres officiers de ladite ville, ès-quels ils auront été nommés pour ladite année, et le serment accoutumé de faire fait par lesdits échevins nouvellement élus, se pourront iceux échevins assembler en ladite chambre et hôtel commun de ladite ville ou autre lieu accoutumé, et appeler avec eux lesdits trente-deux ou vingt-quatre d'iceux ainsi choisis ou élus ès-dits quartiers.

Ensemblement travailler des besognes, négoces et affaires communes de ladite ville, ainsi qu'ils ont accoutumé de faire le temps passé, toutefois et quantes que bon leur semblera, sans autre congé de nous ou de justice. Et auront les échevins la présidence, puissance et autorité de conclure à l'opinion de la plus grande part des voix desdits assistants, du nombre de trente-deux ou vingt-quatre personnages desdits quartiers élus, comme dit est, et autrement ainsi qu'ils verront bon être à faire par raison ; lesquels articles dessus spécifiés et déclarés iceux suppliants, nous ont très-incessamment fait supplier et requérir, louer, ratifier en tant que besoin serait, et sur ce leur impétrer nos grâces et libéralités humblement requérant icelles.

Pour ce est-il que nous inclinant libéralement à la supplication et requête desdits suppliants, qui de tout temps se sont montrés nos vrais et loyaux sujets, et espérons être toujours, seront ci-après, en ayant les articles dessus conférés et spécifiés pour agréables, selon qu'ils conviennent iceux. Pour ces causes et autres considérations, à ce nous mouvant de notre certaine science, grâce, spéciale puissance et autorité royale ; et sur ce, avec les délibérations de nos amés et féaux conseillers les gens de notre grand conseil, avons agréé, approuvé et ratifié, louons, agréons et approuvons, ratifions, voulons et octroyons et nous plaît, qu'ils et leurs successeurs au temps à venir, jouissent et usent pleinement et paisiblement du contenu ès-dits articles ci-devant déclarés. Ci donnons mandement par ces présentes au bailly de Saint-Pierre-le-Moûtier ou son lieutenant-général en particulier, que de nos présents dons, octroy, confirmation, ès-contenus en cesdites présentes, il fasse, souffre et laisse lesdits suppliants jouir et user pleinement, etc. Et afin que ce soit reçu et établi à toujours, nous avons fait mettre notre scel à ces présentes, sauf entre autres choses notre droit.... Donné à Paris, au mois de mai de l'an de grâce 1512 et de notre règne le quinzième. Scellé du grand scel, sur lacs de soie verte et rouge.

Charles de Clèves s'opposa à la vérification et à l'enregistrement de ces lettres-patentes, prétendant qu'elles blessaient son autorité, en ce qu'elles ne portaient pas que les officiers municipaux seraient tenus de prêter serment devant son juge, à Nevers. Mais François de Cléves, son fils, ayant consenti que les lettres fussent vérifiées sous cette condition, et en ayant donné acte du 10 avril 1553, le roi Henri II, par de nouvelles lettres-patentes du 21 mai suivant, ordonna, du consentement de ce prince, l'exécution des premières, qui furent enregistrées.

D'après la charte de 1231, les gouverneurs de la province étaient aussi tenus de jurer le maintien des priviléges octroyés aux habitants. Les registres déposés aux archives contiennent une foule de pièces relatives à la prestation de pareils serments, qui a toujours eu lieu jusqu'en 1664. Je publie un des plus anciens que j'extrais du registre des délibérations de l'hôtel-de-ville, commencé le 20 décembre 1587 et fini le 5 août 1599.

Serment de M. le marquis de Reugny, gouverneur du duché de Nivernais.

(5 août 1597.)

Cejourd'hui cinquième août 1597, au lieu de la porte de la Barre de cette ville de Nevers, au-devant de la bascule d'icelle porte, où étaient honorables hommes MM. de Gilbert Oyen, Jean Carpentier, Jean de Corbigny et François de Saulieu, échevins, et Jacques Marquot, procureur du fait commun, habillés de robes rouges, assistés des officiers, conseillers et autres notables personnes de ladite ville, en grand nombre, est arrivé audit lieu, environ les quatre à cinq heures dudit jour, haut et puissant seigneur François de la Magdeleine, marquis de Reugny, chevalier des ordres du Roi, conseiller du Roi en son conseil, et premier capitaine de cinquante hommes d'armes de ses ordonnances, et gouverneur lieutenant-général au duché de Nivernais et pays adjacent; aussi assisté de grand nombre de gentilshommes, pour prendre possession dudit gouvernement et faire son entrée en cette ville, capitale de tout le pays.

Lequel sieur ayant mis pied à terre et ayant entendu la harangue qui lui a été prononcée par ledit Gilbert Oyen, et ayant été par lui *requis de prêter le serment et promettre de conserver et maintenir aux habitants de ladite ville de Nevers les privilèges, franchises et immunités qui leur ont été concédés et octroyés par nos seigneurs, de très-heureuse mémoire, les comtes, ducs de Nivernais et Donziois, confirmés par les rois, et n'en diminuer ni altérer aucune chose, ledit sieur a fait serment* ès-mains dudit Oyen, promis et juré d'entretenir et conserver auxdits habitants lesdits priviléges, franchises et immunités; de n'en diminuer ni altérer aucunes choses. De laquelle prise de possession et affirmation, lesdits sieurs gouverneur et eschevins ont requis actes à nous notaires soussignés que leur avons octroyés les jour, lieu et heure que dessus.

L'évêque devait aussi jurer l'observance de cette charte, à sa joyeuse entrée dans la ville. Porté dans une chaire de bois, par les quatre barons de l'évêché, les seigneurs de Cours-les-Barres, de Givry, de Druy et de Poiseux, il se rendait processionnellement à la cathédrale par les rues Saint-Martin, la Saulnerie, la Revenderie et la Coutellerie. L'entrée de la rue de la Parcheminerie était fermée par une chaîne de fer qui s'abaissait pour laisser passer le cortége, mais qui se tendait de nouveau devant l'évêque, pour ne s'abaisser que lorsqu'il avait prêté serment entre les mains des échevins. Un des échevins lui présentait le livre des Évangiles; l'évêque y tenait la main élevée dessus sans y toucher, et en cette situation il promettait à la ville et aux bourgeois de les aimer et de les défendre, selon leurs anciennes libertés et coutumes approuvées, comme avaient fait les évêques, ses prédécesseurs. La formule latine de ce serment a été recueillie, à la requête des échevins, par deux notaires, le dimanche après Noël 1330 [1].

Enfin, pour terminer, voici le serment que les seigneurs de Nevers exigeaient de leurs baillis, au moment de leur entrée en fonction. Je l'ai trouvé dans le premier volume du Cartulaire de la Chambre des comptes de Nevers.

[1] PARMENTIER, *Inventaire historique*, etc.

Serment des anciens Baillis de Nevers.

Vous jurez que vous garderez le droit de Dieu et de la sainte Église.

Item que vous garderez le droit de M. le Comte et son conseil en honneur.

Item que vous ferez droit à votre povoir à toutes gens, ainsi au pouvre comme au riche.

Item que pour amour, ne pour haine, ne pour loyer, ne pour promesse, ne pour paour, ne pour doubtance, ne pour lignage, ne autrement, vous ne ferez tort, ne ne souffrirez à faire.

Item que vous ne prendrez, ne ne souffrirez à prendre par femme, ne par enfans, ne par maisgnye que vous ayez, or, ne argent, ne bête à quatre pieds; se n'est connins [*] ou lièvres: ne blé, ne vin : se n'est vin en pot ou en baril, pour la journée passer pour vous ou pour votre propre maisgnye.

Item que vous ne mangerez, ne ne gerrez chieux prévost, ou chieux sergens de votre bailliage, pourquoi vous puissiez être ailleurs; et se il convient que vous y soyez, que vous y serez à vos propres dépens; ne ne serez ailleurs à leurs dépens.

Item que vous ne prendrez viande que vous et votre propre maisgne ne puissiez gaster à la journée que elle vous sera présentée.

Item que vous entendez ces sermens sans bourde et sans mal-engin.

[*] Lapins.

DEUXIÈME PARTIE.

CHARTES, MONUMENTS, TITRES

ET PIÈCES REMARQUABLES

CONCERNANT LA COMMUNE DE NEVERS.

Origo et historia brevis Nivernensium Comitum auctore, ut quidam scribunt, Hugone Pictavino Monacho Vizeliacensi, qui vixit circa annum MCLX [*].

Alii anonymum scriptorem vocant, qui sub Ludovico VII floruit : ex variis ejusdem codicis MS apographis.

Castrum Nivedunum, quod nunc dicitur Nivernis, situm est super fluvium Nevium in extremis Burgundiæ finibus, cui subterfluit Ligeris amnis, qui dividit Galliam Celticam et Galliam Aquitanicam. Igitur castrum illud antiquissimum quidem, sed instar viculi exiguum. Præfuit ei Comes Raterius [**], qui jure hominii de dominio Comitis Burgundiæ illud tenebat. Is forte accusatus ab Alicherio milite, quod thorum domini sui violasset,

---

[*] Ce manuscrit du douzième siècle m'a paru excessivement précieux pour l'histoire locale. Je ferai remarquer que l'auteur, qui est bien plus rapproché que nous des faits qu'il rapporte, est souvent en contradiction avec la plupart des historiens du Nivernais.

[**] Vers le milieu du neuvième siècle.

conflictum duelli cum ipso accusatore iniit infra insulam, quæ Victoris nomine hodieque appellatur *. Cum ergo Raterius hastam vibrasset, percussit Alicherium sub maxillâ et transfodit os ejus, dixitque : os ipsum luet mendacium quod loquaciter protulit. Nequaquam, ait Alicherius, mendacium, sed tam longum silentium adulterii tui os meum luit, statimque feroci animo insurgens percussit Raterium, qui cadens devictus et convictus post modicum expiravit. Fuit autem diebus multis castrum prænominatum in manu comitis Burgundiæ, ad quem jure domini pertinebat. Tempore illo Rex Francorum moriens puerulum filium reliquit. Hunc proceres Francorum communicato consilio tradiderunt Richardo Justiciario in tutelam committentes illi totius regni curam. At ille pio affectu puerum enutrivit, et regnum justè disposuit. Et erat castellum in territorio Nivernensi, nomine Maers, munitione et situ loci fortissimum, hominumque frequentiâ ditissimum. Hujus habitatores itineris contigui viatores spoliabant, captivabant, occidebant. Richardus castellum obsedit. Cui obsidioni cum aliis optimatibus et Episcopis totius Galliæ interfuit* etiam Hildegarius Episcopus Heduensis. Hic genere Pictavensis Diaconus Regis Francorum extiterat, etc. Venit et ipse inter alios ad obsidionem quemdam secum habens nepotem, nomine Landricum, et applicuit exercitus ad castellum, et expugnavit illud fortiter. Ut autem vidit dominus oppidi, quòd sustinere non posset, grande convivium civibus suis præparavit, et recumbentibus omnibus ipse simulato languore surrexit, et clam conscendens equum per medias acies effugit. Et ascendentes velocissimi quique fugientem insecuti sunt : sed eum nullatenus apprehendere potuerunt. Cui forte occurrens Landricus nepos Hildegarii, qui præerat Cursariis, percussum impulit ab equo, et captum duxit ad tentorium Hildegarii. Et quoniam non

---

* Ne serait-ce pas le mont *Victoire*, sur la rive droite de la Loire, au-dessous des Saulaies? Je ne sais trop pourquoi les chroniqueurs nivernais ont tous placé ce combat à l'endroit où est aujourd'hui le couvent de Saint-Gildard. C'est sans doute parce que le comte avait été enterré dans le monastère, et que, jusqu'en 1789, on y avait prié pour le repos de son âme. Le manuscrit que nous citons n'est pas de cet avis.

est Sacerdotis quemquam tradere morti occultato milite misit equum illius Duci exercitus. Quo requirente militem, responsum est ei, quod aviditate retinendi equum, militem miles neglexerit. Missi ergo apparitores scrutati sunt tentorium Hildegarii, inventum militem simul cum equo suo suspenderunt in patibulo, captumque castellum dederunt possidendum Hildegarii nepoti Landrico. Qui Landricus acceptâ uxore stirpis Andegavorum genuit ex ea filium, nomine Bodonem, quem Bodo de Montibus suscepit de sacro fonte. Is cum adolevisset, petiit à Patrino suo aliquid sibi dari. Cui ille respondit : Quid filiole tibi vis dari? At ille, Volo, inquit, ut tantum terræ mihi concedas, quantum contigui montis umbra die perlustraverit. Quo concesso surrexit juvenis summo mane in diebus æstivi temporis, et cœpit proprios limites circum circa ponere, sicuti sole vergente umbra divertebat et ædificaverat ibi castellum, quod dictum est Moncellis, et dilatavit terminos patris sui genuitque filium nomine Landricum. Et factus est Landricus homo magnæ liberalitatis et suscipiebat ferè quotquot erant transeuntes per viam, nobiles et mediocres personas properantes ad limina Beatorum Apostolorum Petri et Pauli. Eo quippe tempore omnis Gallicana et Britannica natio eadem plurimum frequentabat limina. Contigit autem ipsum Landricum eamdem aliquando cum multis aliis Principibus peregrinationem subire. Inter quos fuerunt Comes Pictavorum et Comes Andegavorum, necnon Comes Burgundiæ. Qui pariter cum Landrico redeuntes sanctæ Dominicæ Resurrectionis diem apud Bitervam, forté Nivernam, celebraverunt. Ut autem itineris laborem levarent, fecerunt ibidem triduum. Sequenti verò die Paschæ fecit omnibus convivium Landricus filius Bodonis : et cùm à prandio surrexissent, Comes Pictavorum invitabat Landricum, quatenus avorum suorum patriam secum repeteret, ubi eum maximis beneficis cumularet. Cui cum Landricus grates referret : Mecum potius, ait Comes Andegavorum venire debes, quo te maternum genus invitat. Et respondens Comes Burgundiæ dixit : Cur paternum solum hac vel illac peregrinaturus relinques, cum ego ibidem satis admodum possim velimque ditare ? Ad hæc Landricus respondit Comiti Burgundiæ :

Verum est, inquit, quod plurimum possis. Peto ergo, ut parvulam illam Insulam Castri Nivernis concedere mihi digneris, quo mihi comitis concessa dignitate et tibi honor proveniat, et ego contiguam hereditatem tutiùs retineam. Respondit Comes Burgundiæ : Concedo, ait, sicut vis, et Comitatum Nivernis salvo jure hominii tibi et hæredibus tuis deinceps tribuo. Iste Landricus hujus generis Comes Nivernis factus, cœpit usquequaque dilatare terminos suos. Habuitque filium nomine Renaldum qui, conjunctus matrimonio sorori Regis Roberti filii Hugonis Capitonis, Comitatum Altissiodori conjunxit Comitatui Nivernis. Cujus Comitatus gratia bello cum Duce Burgundiæ confligens apud Saigniacum occisus est, triumphum simul et hereditatem sanguinis Guillelmo filio suo relinquens. Guillelmus autem per quinquaginta fere annos cum tanta Comitatum tenuit industriâ et bellorum exercitio, quod infra præscriptum spatium nec etiam unius anni summam colligere potuerit, quo pacem tenuerit : nec minori frequentia tempore quo sanguinem vel aliam corporis curam levabat 50 militum familiari contubernio usus fuerit : et tamen possessionibus multis ditatus quinquaginta millia solidorum in thesauro suo semper habuit, de quibus circa terminum vitæ suæ basilicam Sancti Stephani extra muros civitatis Nivernis ædificavit *. Dilatavit et ipse terminos intra fines Lingonum Comitatum Tornodorensium apponens Comitatui Nivernis et Altissiodori, unum de tribus componens : genuitque filios duos Guillelmum et Renaldum, è quibus Guillelmus curam Tornodori obtinuit; Renaldus autem Malliacum et Huben duo nobilia oppida possedit, uterque tamen superstite patre vitâ excessit. Sanè Guillelmus Tornodorensis ex propriâ uxore unam filiam habuit, quæ conjuncta est in matrimonio Aimoni Borbonensi. Renaldus autem primam uxorem habuit, filiam unicam Comitis Foratensis, de quâ filiam suscepit, quæ conjuncta est Miloni de Curteniaco. Qua defuncta iterum Renaldus duxit uxorem Idam nomine filiam Lancelini de Balgentiaco, ex qua filium genuit, nomine Guillelmum, quem moriens patris tutelæ

---

* *Voir* la charte de fondation que je publie à la page suivante.

dimisit. Quo, id est, avo vita exemplo Monarchiam Nivernensis et Altissiodorensis atque Tornodorensis provinciæ obtinuit, finesque suos circa Ligerim et Alerium fluvios dilatavit. Qui justitiæ licet cultor eximius existeret, Vizeliaci tamen Monasterium insolitis consuetudinibus sibi vendicare primus attentavit. Hic genuit Guillelmum et Renaldum, quibus militia provectis cum uterque Hierosolymitanum iter cum Ludovico Rege Francorum et Duce Aquitanorum arripuisset, pater illorum terrena celestibus commutans, Cartusiæ Conversus factus est.

Carta fundationis seu dotationis Monasterii Sancti Stephani Nivernensis.

(1090.)

IN NOMINE SANCTÆ ET INDIVIDUÆ TRINITATIS, PATRIS ET FILII ET SPIRITUS SANCTI, EGO WILLELMUS, Dei gratiâ Nivernensis Comes, notitiæ tam præsentium quam futurorum, litterarum apicibus, tradere volo, ne aliquâ vetustatis abolitione in oblivionem veniat venturæ posteritatis, qualiter Monasterium, cujus primus fundator extiterat Beatus Columbanus, in honore Nativitatis Salvatoris nostri JESUS CHRISTI, et Beatæ Mariæ semper virginis, gloriosique Protomartyris Stephani, necnon et dilecti Domini discipuli sancti Johannis Evangelistæ, Sanctorumque Innocentium in Suburbio Nivernensi, propriis sumptibus reædificavi, possessionibus ampliavi, ornamentis etiam Ecclesiasticis decoravi, atque ab omnibus exactionibus seu consuetudinibus liberum, domno Hugoni abbati Cluniacensi, et per eum Cluniacensi Ecclesiæ perpetuo possidendum, ordinandum et disponendum cum omnibus pertinentiis suis tradidi. EGO ENIM WILLELMUS divinæ pietatis inspiratione compunctus ad memetipsum rediens, cœpi mentis oculum in contemplationem rerum transeuntium infigere, et in iis quæ in hujus nostri ruentis semper in deteriora sœculi cursu fiunt, plurimum immorari. Consideravi itaque et vidi, quia, juxta Sapientis sententiam, *omnia vanitas et veritas non est in eis :* tanta enim inest in his varietatis transmutatio, et deficientium, rursumque sibi succedentium rerum vicissitudinis obumbratio, ut nihil fere unquam in eodem statu permaneat, et folio quod a vento movetur et rapitur, omnia comparanda esse videantur. Unde et veram esse cognovi illam de homine sententiam qua dicitur, *Quia omnis caro fœnum, et omnis gloria ejus sicut flos fœni :* Quæ quidem David confirmatur testimonio, quo dicitur, *Homo sicut fœnum, et dies ejus tanquam flos agri sic efflorebit.* In Job quoque legitur, *Quia homo sicut flos egreditur, et conteritur, et fugit velut umbra.* Quid igitur amplius habet homo de universo labore suo quo laborat sub Sole? Transeunt enim cuncta quæ temporaliter obtinentur. Sed et homo in imagine pertransiens thesaurizat, et ignorat cui congreget ea, quia cum interierit non sumet omnia, neque descendet cum eo gloria ejus, juxta illud, *Nudus egressus sum ex utero matris meæ, nudus revertar illuc.* His igitur, et aliis quamplurimis hujuscemodi sermonibus et exemplis per religiosos et litteratos viros edoctus et instructus, cœpi de salute animæ meæ sollicite cogitare et qualiter peccata mea eleemosynis ac bonis operibus redimerem, thesaurumque indeficientem mihi in cœlis thesaurizarem diligentissime pertractare, juxta illam Domini vocem dicentis, *Thesaurizate vobis thesauros in cœlo :* Et alibi, *Facite vobis amicos de Mammona iniquitatis, ut cum defeceretis recipiant vos in æterna tabernacula.* Quæcunque enim, juxta Apostolum, *in præsenti seminaverit homo, hæc et metet in futuro.* Sed quoniam qui *in carne seminat* (in qua et ego ejus utique concupiscentia abstractus, et illectus plurimum seminavi de carne) juxta apostolum, *non metet nisi in corruptionem,* placuit mihi de cœtero in spiritu seminare, quatenus divinæ pietatis et misericordiæ dono, de spiritu, bonorum operum falce, in æterna segete, vitæ æternæ fructum mererer colligere. Insedit itaque animo instigante me, et exhortante domino Hugone prius quidem Decano, postea vero Nivernensi episcopo, jam dictum beatæ Dei genitricis necnon et gloriosi Protomartyris Stephani Monasterium jam-jam dirutum, et omnino pessundatum, funditus reædificare et religiosos monastici ordinis viros inibi constituere, quos inter me et Deum haberem mediatores, et apud Supremum Judicem pro peccatis meis indefessos intercessores. Ut igitur quod corde conceperam in effectum proferem operis : Primùm quidem ipsum locum alti fortisque muri clausurą per circuitum ambivi : deinde NOBILE MONASTERIUM cum tribus turribus satis pulchro venustoque opere, quemadmodum ab intuentibus videri potest, construxi. Claustra quoque et officinas, quæ fratrum numero Deo inibi famulantium sufficere possint, cum capella infirmorum ædificare curavi. Ornamenta quoque Ecclesiastica, eidem loco contuli, duas videlicet Cruces, unam auream, et aliam argenteam, Textumque argenti deauratum, Thuribulumque argenteum, et capsam argenteam, duo quoque paria Candelabra de argento, cum Calice aureo, et tribus capis, ac una Casula. AD SUBSTANTATIONEM quoque Servorum Dei inibi commorantium, meorum utique in cœlesti curia advocatorum, dono, et concedo Deo, et Beatæ Mariæ semper Virgini necnon glorioso Protomartyri Stephano, cœterisque Sanctis inibi veneratis et supradictis Fratribus Cluniacensibus, eorumque successoribus, totum Burgum sicuti modo pro Burgo habetur, aut unquam melius habebitur qui jam ex re nomen habens, Burgus Sancti Stephani appellatur, cum terra et hominibus inibi hospitatis seu hospitaturis, omnibusque consuetudinibus quas inibi habebam, nihil mihi penitus in ea retinens. Sicut enim de meis peccatis nullum mihi a supremo judice in die extremi examinis volo reservari, sed potius omnia condonari, ita et in hoc dono nihil mihi retineo, nihil reservo, sed totum quidquid illud est, quod ibi habebam, vel habere poteram, si hanc donationem non fecissem, Deo et Beatæ Mariæ semper Virgini, ac Beato Protomartyri Stephano et Monachis ejusdem loci dono, et concedo : nisi quod si forte homines de terra mea pro tollenda consuetudine mea, se mihi subtrahendo hanc terram ad habitandum delegerint, Prior quidem habebit in eis consuetudines et justitiam suam sicut in cœteris hominibus suis ejusdem Burgi, mihi tamen serviant sicut homines mei. De alia vero terra, vel provincia quicunque adveniens, hanc Terram ad habitandum elegerit, liber sit ab omni mea, meorumque hominum Justitia, et consuetudine, Monachisque tantum serviat, et respondeat. De cœtero sint omnes homines hujus Burgi terram inhabitantes, futuris semper temporibus liberi et immunes ab omni exactione, Justitia et consuetudine mea, meorumque hominum : et nulli unquam nisi Priori, et Fratribus ejusdem loci serviant, vel de aliquo forefacto respondeant : Nullique unquam hæredum, vel hominum meorum, liceat hanc a me traditam, et concessam libertatem, atque immunitatem in aliquo violare, vel supradicti Burgi homines qualibet occasione inquietare. Liceat quoque eis mercatores et viatores omnes quicunque apud eos hospitari voluerint absque omni contradictione hospitio recipere. Fenestras et bannos macelli ad vendendum et emendum, sicut eis expedierit, et Priori placuerit, habere. Quando ego bannum fecero de annona mea, vel vino, homines illius Burgi non observent hanc conditionem, sed omni tempore liceat eis emere et vendere, in omni Terra Monachorum, secundum arbitrium Prioris. Si forte homines meos oportuerit ire in aliquam expeditionem, seu alicujus mandati mei executionem, homines istius Burgi semper in pace remaneant. Sufficit enim mihi ut Domini eorum Monachi fortiter pro me apud Dominum intercedant. Si Macellarii de alia Terra ad hanc, causa vendendi carnes advenerint, ego, et domnus Hugo Nivernensis Episcopus donamus, pro Deo, et concedimus Monachis infirmis consuetudines nostras. Quod si homines hujus Burgi duellum inter se firmaverint, in arbitrio Prioris erit facere de eis quod voluerit. Si cum homine meo, seu cum homine alicujus hominis mei homo istius Terræ bellum firmaverit, et placitum coram me, aut coram Præposito, seu coram aliquo homine meo actum fuerit, si Prior, vel Legatus suus interfuerit, accipiet fidejussores, et Justitiam de homine suo, sicuti meus Præpositus accipiet de suo. Si vero ad placitum ex parte primi, qui hoc faciat, non adfuerit, Præpositus meus accipiet, loco Prioris, fidejussores, et Justitiam de homine ipsius : et mox ut eum vel Ministrum ejus invenerit, investiet eum de Justitia et fidejussoribus sui hominis sicuti investiturus esset, si præsens in causa fuisset. Similiter et Prior faciet de homine nostro, si coram eo placitaverit, et opus fuerit. Quod si aliquis Reus timore perterritus fugiens hujus Burgi terram intraverit, ex quo pedem in ea habuerit, non sit ausus aliquis eum insequi, vel apprehendere, seu qualibet occasione infracturam aliquam in eadem Terra facere, sed sit quasi in Ecclesia securus et liber, quantum hujus terræ tenet capacitas. Quotquot autem hujus Burgi fuerint habitatores, facultatem habeant utendi omnibus opportunitatibus et aisantiis, in aquis, in pascuis, in sylvis, in mercatis, et in nundinis, atque in viis, et semitis, sicut cæteri homines mei sine omni contradictione, tam in civitate quam extra civitatem. Præterea EGO WILLELMUS, et EGO HUGO Nivernensis Episcopus donamus hujus loci Fratribus Cluniacensibus cursum et usum per omnes Sylvas nostras ad calefaciendum et ad ædificandum, et porcis eorum pastinatium. Ego quoque Willelmus Comes dono eisdem Monachis terram et clausum vinearum, et censum, et quidquid tenebam ultra Croam, et ad Sanctum Benignum : Dono, et concedo eis, ut homines advenæ qui hic hospitati sunt vel hospitaturi, liberi sint ab omni mea consuetudine. Dono et vineas Clementis Hæretici, et vineas de Bussiliaco quæ fuerunt matris meæ, et hereditatem Rainaldi de Vallano, et Allodium quod habebam Vernaco, et Terram de Forgiis cum hominibus et consuetudinibus suis. Dono etiam Feudum de Moysiaco qui est prope Castellum Montis-Onesii quod est in casamentum, et quod habebam in dominio apud Castrum Moncellum. Dono eis similiter Allodium meum de Marcilliaco in quo pars Burgi videtur esse quæ abjacet castra, et Capellas de Moncellis, et ea quæ ad Capellas pertinent. Dono etiam decimam Salmonum meorum. Hugo quoque de Montiniaco pro amore meo concessit eis Ecclesiam cum Curte de Luxiaco, et ea quæ de terra Ecclesiæ quolibet modo acquirere potuerit, quia ego liberavi eum de captione Archibaldi Burbonensis. Engilbertus Mirepes cum uxore sua Elisabeth, et filio suo Rainaldo concedit et reddit molendinum de Moysiaco cum aquæ ductu et terra quæ est in circuitu. Præterea ego dedi eis allodium de Mellerano, et concessi terrulam quam dedit Bonifacius Presbyter juxta Campum vertum, apud veterem Croam, in villa quæ vocatur Chevinias, juxta Alvisiacum, medietatem decimæ de annona quæ ad hunc locum pertinebat redimo, et reddo sicut cætera. Rodulfus de Essartis dedit vineam, et modicum Allodii pro me, et morte Oddonis Titionis apud Campum vertum. Dono tres ramatas in flumine proximo quæ fuerunt Hugoni de Luperciaco. Concedo et Ecclesiam sancti Petri quæ est in Suburbio Nivernensi : Terram quoque et Censum, quæ Olivarius habebat in supradicto Burgo dedit pro amore meo, infantibus suis laudantibus Gauberto, et Francone cum aliis suis, ex cujus Fœdo pars quædam erat. Ego vero consuetudines quas ibi habebam dimitto. Super hæc omnia laudo, dono, concedo et confirmo, ut quicunque huic nostræ eleemosynæ fundamento superædificare voluerit, et de iis quæ de Beneficio vel Fœdo nostro descendent, hujus nostri doni augmentare quantitatem, liceat ei hoc facere, et Monachis absque aliqua hæredum meorum contradictione recipere. Hæc autem omnia sicut scripta sunt dono, concedo, et confirmo Deo, et Beatæ Mariæ semper virgini, gloriosoque Protomartyri Stephano, cæterisque Sanctis in hoc loco veneratis, et Domno Hugoni sanctissimo Cluniacensi Abatti, Domnoque Petro Priori, et cæteris Fratribus Cluniacensibus Deo in hoc loco famulantibus, eorumque successoribus, laudante, et concedente nepote meo Willelmo, et Reginaldo Præposito, cæterisque Baronibus meis, et Fidelibus. Actum est anno Incarnati Verbi millesimo nonagesimo, Regni Philippi Regis Francorum anno trigesimo.

Sigillatum sigillo Willelmi Comitis Nivernensis, speciem Equitis armati referente.

In Dedicatione quoque hujus Ecclesiæ, quæ Idibus Decembris facta est, acta est solemniter hæc donatio, præsentibus venerabilibusEpiscopis, videlicet Domno Yvone Carnotensi, Guidone Nivernensi, Galterio Cabilonensi, Humbaldo Altissiodorensi, et ante altare gloriosæ semper Virginis Mariæ, gloriosique Protomartyris Stephani lecta est hæc Carta, et confirmata in conventu et audientia eorumdem Episcoporum, et Willelmi Nepotis mei.

cæterorumque qui affuerunt Clericorum et Laicorum. Actum est hoc Anno Incarnationis Dominicæ millesimo nonagesimo septimo.

Lettres-patentes de la consécration de l'Église.

(1097.)

IGITUR EGO YVO Carnotensis Episcopus hujus sanctæ Basilicæ Consecrator indignus cum sodalibus meis Dominis supradictis Episcopis, prece, jussu, et voluntate Domini Willelmi Comitis, hujus sanctæ Basilicæ Fundatoris et cæterorum qui affuerunt, excommunicamus, et a liminibus sanctæ Dei Ecclesiæ sequestramus horum donorum calumniatores sive raptores, seu in aliquo defraudatores nisi ad emendationem et satisfactionem venerint. Et quicunque similiter in hujus Ecclesiæ Terra infracturam fecerit vel per violentiam aliquid abstulerit de iis quæ huic Ecclesiæ data sunt, vel juste dabuntur, vel quæ modo quolibet acquisita, vel acquirenda sunt, maledictio illa super eum veniat quæ in Lege scripta est, *Maledictus qui transfert terminos patrum suorum.* Et quicunque hæc negligendo infregerit, maledictus sit sicut Dathan et Abiron; pars ejus sit cum Apostata Juliano, cum Daciano et Simone Mago : maledictus sit comedendo, stando, dormiendo, seu modo quolibet se habendo. Et quicunque huic Ecclesiæ servierit, vel secundum vires suas servitores adjuverit, particeps sit in Ecclesiæ benefactis, et mercedem hic et in futuro recipiat. Amen.

Actum est hoc Anno Incarnationis Dominicæ millesimo nonagesimo septimo, Indictione quinta, Regni Philippi Regis Francorum Anno trigesimo septimo. *Sic signatum :* YVO Carnotensis episcopus.

Confirmatio Petri, Comitis Nivernensis.

(1184.)

Ego PETRUS Comes Nivernensis notum facio omnibus, tam præsentibus, quàm futuris, quod Prior Burgensis Sancti Stephani, non ex consuetudine, neque ex debito, adjuvare debet, vel aliquid de suo mittere ad muros, nisi ex propria voluntate. Et ut hoc certum omnibus sit, cartam præsentem super hoc ei fecimus, anno Dominicæ Incarnationis millesimo centesimo octogesimo quarto.

Sigillatum Sigillo ceræ flavi coloris vetustissimæ, speciem Æquitis armati referente, duplici cauda pergamenea appenso.

Regia Confirmatio fundationis Monasterii S. Stephani Nivernensis.

(1186.)

Ejusdem à diversis largitionibus erga Dominos Comites Nivernenses olim impendendis, instaurata libertas.

In nomine sanctæ et individuæ Trinitatis. Amen. PHILIPPUS Dei gratia Francorum Rex. Noverint universi præsentes, pariter et futuri, quoniam nos intuitu divini amoris, et pro salute animæ nostræ, ad petitionem Domini Hugonis venerabilis Cluniacensis Abbatis concedimus, et præsenti carta confirmamus donationes omnes, et libertates quas WILLELMUS Comes Nivernensis Ecclesiæ Sancti Stephani, quam in Suburbio Nivernensi reædificavit, dedit, et confirmavit: Videlicet Burgum Sancti Stephani ab omni exactione, et consuetudine liberum, ita quod homines illius Burgi, nec Comiti, nec alicui successorum suorum servire tenerentur, nisi tantum Monachis Sancti Stephani. Dedit etiam eis liberum ingressum, et egressum, et facultatem vendendi, et emendi, et res suas liberè distribuendi per totam terram suam sine aliquo impedimento. Concedimus etiam, et confirmamus Conventionem quæ inter præfatam Ecclesiam Sancti Stephani, et Petrum Comitem Nivernensem cognatum nostrum, et Agnetem Comitissam uxorem ejus, in præsentia nostra facta est : videlicèt, quod cum idem Petrus Comes à Burgensibus præfati Burgi, pro quadam conventione quæ inter prædictam Ecclesiam Sancti Stephani, et Guidonem Comitem Nivernensem quondam facta est, tria millia solidorum, pro tribus causis soleret exigere : scilicèt, pro redemptione sua, si quando caperetur, unde redimeretur, vel si quando filiam suam nuptui traderet, vel si civitatem sanctam Hierusalem adiret, præfatus Petrus Comes, pro salute animæ suæ, et pro damnis quæ prænominatæ Ecclesiæ Sancti Stephani intulerat, ipsa tria millia solidorum, quæ pro redemptione captionis suæ solebat exigere, remisit, et omninò guerpivit, ut numquam ab ipso, vel ab aliquo successorum ejus Comitum Nivernensium, in perpetuum exigantur. Hoc fecit laudante, et concedente Agnete filia Guidonis Comitis uxore sua. De illis autem tribus millibus solidorum, quos Comes Nivernensis à Burgensibus Sancti Stephani Nivernensis habere debet, si quando civitatem sanctam Hierusalem adierit, vel si filiam suam nuptui tradiderit, habere debent Burgenses respectum solvendi, usque ad quadraginta dies : Nec pro hac, sive pro aliqua alia occasione, defendet eis Comes aisientias suas, nec res eorum auferet, quandiù per manum Prioris sui justiciam facere voluerint. Hujus igitur conventionis à prædicto Petro Comite factæ, rogantibus eodem Petro Comite, et Agnete Comitissa uxore sua, pro ipsis, et successoribus eorum, Nos, et successores nostros Reges Franciæ obligamus, et fidejussores constituimus Ecclesiæ Cluniacensi, et præfatæ Ecclesiæ, atque Burgo sancti Stephani, quod omninò libertati eorum, et indemnitati prospicimus, et inviolabiliter observari faciemus, si forte Comitem, sive successores suos velle contraire contingeret. Quæ omnia ut perpetuam stabilitatem obtineant præsentem paginam Sigilli nostri auctoritate, ac Regii nominis caractere subter annotato, præcepimus confirmari.

Actum publicè Anno Incarnati Verbi Millesimo Centesimo Octogesimo sexto, Regni nostri Anno septimo, Astantibus in Palatio nostro quorum nomina supposita sunt, et signa. *Signum Comitis Teobaudi Dapiferi nostri. S. Guidonis Buticularii. S. Matthœi Camerarii. S. Radulfi Constabularii.*

SIC SIGNATUM.

DATA, VACANTE  CANCELLARIA.

Sigillatum magno Sigillo ex cera viridi, cum filis sericis crocei, et rubri coloris appenso, imaginem referente personæ in throno sedentis, coronam in capite habentis, manu dextra globum Mundi, sinistra sceptrum tenentis, cum hac circumscriptione. PHILIPPUS DEI GRATIA FRANCORUM REX, *a tergo autem, florem Lilii expressum.*

Conventio Petri Comitis Nivernensis et Burgensium de Vico Beati Stephani.

(1194.)

Ego PETRUS Comes Nivernensis Notum fieri volo universis præsentibus, et futuris, ad quorum noticiam præsentes litteræ pervenerint, quod ter mille solidos, quos Burgenses de Vico Beati Stephani Nivernensis mihi de consuetudine reddere debent, quando carissimam Filiam meam nuptui tradidero, ergà dictos Burgenses pro octies viginti libris Genuensibus obligavi, tali conventione, quòd dictos ter mille solidos ab eis requirere non potero, donec de nominatis octo viginti libris, in valore de sexaginta solidis marcatis dictis Burgensibus criantum suum plenariè fecerim. Quod ut ratum, et inconcussum in posterum habeatur, sigilli mei impressione, et sigilli Gaufredi de Poga Senescalli mei, præsentem cartam muniri præcepi. Actum Anno Dominicæ Incarnationis Millesimo Centesimo Nonagesimo quarto.

Sigillatum duobus sigillis ceræ lutei coloris præ vetustate ad albedinem vergentis, quolibet super duplici cauda pergameni pendente, altero majore, ex utrâque parte formam Æquitis armati, ense districto in pugnam, præseferente, cum hujusmodi inscriptione: SIGILLUM COMITIS NIVERNENSIS. *Intercapedo in hac inscriptione litteris vacua, notat defectum litterarum nominis,* PETRI, *in sigillo fracti*

Philippus Augustus Ecclesiam Nivernensem liberat à regalibus.

(1208.)

IN NOMINE SANCTÆ ET INDIVIDUÆ TRINITATIS. AMEN.

PHILIPPUS, Dei gratia, Francorum Rex. Noverint universi præsentes pariter et futuri quod nos dilecto et fideli nostro Guillelmo Nivernensi Episcopo totum jus illud quod habebamus in regalibus nivernensibus concedimus et quittamus in perpetuum ipsi et successoribus suis et donationes etiam præbendarum. Ita quod vacante Sede, nihil de mobilibus vel immobilibus per nos vel per alium capiemus in domibus Episcopi, nec in castellis et villis ejusdem neque in hominibus regalium nec in rebus eorumdem neque in prædictis regalibus aliquid prorsus retinemus præter exercitus, et procurationes sicut nos et prædecessores nostri ea solent et debent habere. Concedimus etiam ut vacante Sede eadem regalia sint in manu decani et capituli Nivernensis ut tam ea quam præbendæ et dignitates si quæ interim vacaverint ad opus futuri Episcopi salvæ et integræ reserventur. Quod ut perpetuæ stabilitatis robur obtineat, sigilli nostri auctoritate et regii nostri characteris inferius annotati præsentem paginam confirmamus. Actum apud fontem Belliandi anno incarnationis dominicæ M°. CC°. VIII°. astantibus in Palatio quorum nomina supposita sunt et signa.

Signum Guidonis Buticularii, S. Mathæi camerarii, S. Droconis constabularii data regni nostri anno XXX°, vacante cancellaria, per manus fratris Guarini.

Bulle du pape Honoré, en faveur de Mathilde, comtesse de Nevers, et relative à ses droits à la succession de Pierre de Courtenay, empereur de Constantinople, comte d'Auxerre et de Nevers.

(1221.)

HONORIUS, episcopus, servus servorum Dei, venerabili fratri episcopo et dilectis filiis sancti Lupi et sancti Martini abbatibus trecensis salutem et apostolicam benedictionem.

Ex insinuatione nobilis viri comitis Nivernensis et M... uxoris ejus accepimus quod cum certi de obitu claræ memoriæ Petri imperatoris Constantinopolitani, civitatem Autissiodorensem tanquam jure ad eos devolutam hereditario adiissent et super hoc cum nobili viro comite..... urcensi nato prædicti defuncti et R. de Corte.... aliquandiu litigassent; nos super.................. ditis viris ordinem non servantes. Undè iidem nobis humiliter supplicarunt ut cum parati sint de se super hoc conquerentibus justitiam exhibere pro conservatione juris eorum vobis scribere dignaremur. Quo circa discretioni vestræ per apostolica scripta mandamus quatinus revocato in statum debitum si quid contra ipsos juris ordine prætermisso fecistis in hujusmodi negotio auditisque partes, duxerunt proponenda sublato appellationis obstaculo ratione prævia procedatis. Quod sinon omnibus hiis, exequendis potueritis interesse tu ea, frater episcope, cum eorum altero nihilominus exequeris.

Datum Lateranis III nonas decembris, anno Incarnationis Verbi millesimo ducentesimo vigesimo primo, pontificatus nostri anno quinto.

Contrat de mariage de Marie de Bourbon avec François de Clèves, Duc de Nivernais, son second mari.

(2 octobre 1560.)

FRANÇOIS, par la grace de Dieu, Roy de France : Sçachent tous presens et à venir, que en la presence de Nous, et de nos amez et feaux Conseillers-Secretaires d'Etat et de nos Finances, Notaires et Secretaires de la Maison et Couronne de France, soussignez, furent presens en leurs personnes, nostre tres-cher et tres-amé Cousin *François de Cleves, Duc de Nivernois*, d'une part; et nostre tres-chere et tres-amée Cousine *Marie de Touteville*, fille unique et seule heritiere de feu nostre tres-cher et tres-amé Cousin François, Duc de Touteville, en son vivant Comte de S. Pol, d'autre part. LESQUELLES Parties, en nostre presence, et de nostre vouloir et consentement; de la Reine nostre tres-honorée Dame et Mere, et la Reine nostre tres-chere et tres-amée Epouse; et par l'avis, conseil et deliberation de nos très-chers et tres-amez Cousins, les Cardinaux de Loraine et de Bourbon, même nostredite Cousine Marie; de l'auctorité, vouloir, avis et consentement de nostre tres-chere et tres-amée Cousine Adriane Duchesse de Touteville sa mere, ont promis et promettent prendre l'un l'autre par loy de Mariage, si Dieu et nostre Mere sainte Eglise s'y accordent, le plustost que faire se pourra. Laquelle nostredite Cousine Marie, nostredit Cousin prendra avec tous et chacuns ses droits. Et pour l'accomplissement duquel Mariage, a esté accordé, que nostredit Cousin le Duc de Nivernois portera les Armes de ladite Maison de Touteville, écartelées avec les siennes, incontinent après ledit Mariage consommé, et se intitulera, François Duc de Nivernois et de Touteville, et prendra ledit nom et surnom de Cleves et de Touteville, où il sera besoing de mettre surnom. ET OU IL ADVIENDROIT que les enfans masles du premier mariage de nostredit Cousin, ou leurs descendans masles, iraient de vie à trépas, sans hoirs masles procréez de leurs corps, en ce cas le fils aîné qui viendra dudit second mariage sera tenu porter les Armes de ladite Maison de Touteville écartelées avec celles de nostredit Cousin, et le surnom comme nostredit Cousin aura porté en son vivant. Et le second fils dudit second mariage, le Nom, Cry, et Armes pleines de ladite Maison de Touteville, et ainsi successivement les enfans masles dudit mariage; mais tant qu'il y aura enfans masles du premier mariage, ou masles d'eux descendans, sera tenu le fils aîné dudit second mariage porter le Nom et Armes pleines de ladite Maison de Touteville, et après luy tous les descendans dudit second mariage, suivant la substitution dudit Nom et Armes accordez par cy-devant, et aux peines portées par les traitez de mariage de nosdites Cousines Adrianne Duchesse de Touteville, et Marie de Touteville sa fille; et sans aucunement les enfreindre ou innover : lesquels traitez seront à cette fin inserez à la fin de ces Presentes, pour estre inviolablement gardez et entretenus pour loy de ladite Maison de Touteville et succession d'icelle. SERONT LESDITS futurs Conjoints uns et communs en biens meubles, et conquests immeubles à eux à échoir et advenir durant et constant ledit mariage; et après icelui consommé et accompli seulement. Et n'entreront en ladite Communauté les biens meubles et conquests immeubles faits auparavant ledit mariage, bagues et joyaux à eux appartenans auparavant icelui, ains seront reputez propres à chacunes desdites Parties; n'entreront aussi en ladite Communauté les debtes et hypoteques par eux creées et constituées auparavant ledit mariage, lesquelles chacun d'eux sera tenu d'acquitter et décharger de son côté, inventaire prealablement fait desdits biens meubles, bagues et joyaux appartenans à chacune desdites Parties, ou les inventaires ja faits recollez. MESMEMENT fournira nostredit Cousin le Duc de Nivernois le mariage des filles dudit premier mariage, hors les biens de ladite Communauté, soit en vente de bois, ou alienation de quelques autres de ses biens immeubles, qui partant n'entreront en ladite Communauté. ET EN CONTEMPLATION duquel mariage, qui autrement n'eust esté fait, et afin d'assurer dès à present les enfans dudit second mariage, *a nostredit Cousin donné ausdits enfans* la somme de 20,000 livres tournois de rente ou revenu annuel franchement et quittement, et sans charge d'aucunes dettes ou hypoteques; pour l'assignation desquelles 20,000 livres tournois de rente ou revenu; et jusqu'à la concurrence d'icelle somme, nostredit Cousin a dès à present *cedé, quitté et transporté ausdits enfans venans dudit second mariage, les fonds, Terres et Seigneuries de Beaufort, Sollaignes, Largicourt, Collomiers, Amplepuy, Chevaugny, le Lombart, Thizy et autres Terres* assises au pays de Beaujollois, et icelles promis garantir, fournir et faire valoir ladite somme de 20,000 livres tournois de rente franchement et quittement de toutes debtes, hypoteques et autres charges quelconques, fors des foncieres et ordinaires, les places et maisons non venans en aucune estimation ou évaluation, ni les offices et benefices dépendans desdites Terres, et s'en fera l'estimation sur le revenu des cinq années dernieres écheuës lors de ladite succession, pour en joüir par lesdits enfans aprés le trépas de nostredit Cousin le duc de Nivernois. Et où il alieneroit cependant ou disposeroit desdites Terres ou d'aucune d'icelles, il fournira autres Terres jusqu'à la concurrence de 20,000 livres de rente ou revenu annuel seulement, et de proche en proche. POURRA AUSSI nostredit Cousin (si faire le veut) vendre des bois de haute futaye étans sur lesdites terres, garantissant, comme dit est, par nostredit Cousin jusqu'à la concurrence desdites 20,000 livres de rente ou revenu annuel, comme dit est; reservé toutefois le choix et option ausdits enfans, de se porter heritiers de nostredit Cousin le Duc de Nivernois aprés son trépas, si bon leur semble, et de partager avec ses autres enfants en sadite succession, suivant la Coustume des lieux où les biens se trouveront situez et assis, en rapportant lesdites 20,000 livres de rente, si aucune chose en avoient pris. ET AUSSI RESERVE le choix à nostredite Cousine future Epouse, où nostredit Cousin le Duc de Nivernois predecedera, de renoncer à ladite Communauté desdits meubles et conquests, acquis et écheus ausdits Conjoints pendant ledit mariage, si bon semble à nostredite Cousine future Epouse; en quoy faisant, au lieu de ladite Communauté, prendra nostredite Cousine, et aura franchement et quittement, sans aucunes charges de debtes, *la somme de* 50,000 *livres tournois*; ensemble reprendra tous les biens meubles, vestemens, bagues et joyaux, et autres choses qu'elle aura apportées, selon ledit Inventaire, et même tous les vestemens, montures, bagues, joyaux, ornemens et accoustremens qu'elle pourra avoir lors du decés de nostredit Cousin son futur Epoux, à quelque titre ou moyen que ce soit; et encore audit cas reprendra tous et chacuns les meubles pretieux qui luy seroient advenus et écheus par le deceds de nostredite Cousine sa mère, comme bagues, joyaux, vaisselle d'argent, tapisseries, vestemens, accoustremens, artilleries et autres ustancils et ornemens de maison; à la charge de payer par nostre Cousine future Epouse les debtes procedant de son costé et de nostredite Cousine sa mere tant seulement: le tout avec son doüaire, tel qu'il sera cy-aprés declaré, et sans diminution de ladite somme de 50,000 livres tournois. Et où nostredite Cousine decederoit auparavant nostredit Cousin le Duc de Nivernois son futur Epoux, sans enfans dudit mariage, en ce cas nostredit Cousin demeurera quitte et déchargé desdites 50,000 livres, et n'en prendront les heritiers de nostredite Cousine future Epouse aucune chose, ni des biens de ladite Communauté, ains reprendront seulement lesdits heritiers les meubles, bagues et joyaux apportez par nostredite Cousine future Epouse, et contenus audit Inventaire; et encore audit cas reprendront lesdits heritiers tous et chacuns les meubles pretieux qui luy seront venus par le deceds de nostredite Cousine sa mere, comme bagues, joyaux, vaisselles d'argent, tapisseries, vestemens, accoustremens, artilleries, et autres ustancils de maison, à la charge de payer les debtes procedans du costé de nostredite Cousine future Epouse, et de nostredite Cousine sa mere, tant seulement. AUSSI A ESTÉ ACCORDÉ, que les deniers qui proviendront et resteront de la récompense, des dégradations et démolitions du Comté de S. Pol, et autres Terres, appartenantes à nostredite Cousine future Epouse, de son propre, entreront en ladite Communauté, *sur ce préalablement déduit, la somme de 30,000 livres tournois, qui sera et appartiendra à nostredite Cousine, Adrianne Duchesse de Touteville*, mere de ladite future Epouse, pour les frais par elle faits et frayez jusqu'à huy, pour la liquidation desdites ruine et dégradations. ET EN CE FAISANT, nostredit Cousin le Duc de Nivernois a doüé et doüe sadite future Epouse de 20,000 livres tournois de rente, annuelle et viagere, la vie d'icelle seulement, franchement et quittement de toutes dettes, avec un Châtel ou Maison, pour sa demeure, telle qu'il plaira à nostredit Cousin son futur Epoux nommer, fourni de meubles, jusques à la valeur de deux mille écus, pour en joüir par nostredite Cousine, si-tost que doüaire aura lieu. Lequel doüaire sera porté et payé pour moitié par lesdits enfans du second mariage, si aucuns en y a; soit que lesdits enfans soient heritiers de nostredit Cousin le Duc de Nivernois leur pere, *ou qu'ils se tiennent à ladite donation*, et lequel doüaire demeurera entierement éteint par le deceds de nostredite Cousine, comme dit est, et n'en pourront lesdits enfans dudit mariage, ou heritiers, aucune chose demander, fors les arrerages, qui en pourroient estre dûs lors dudit deceds. ET MOYENNANT CE nostredite Cousine Adrianne, Duchesse de Touteville, pour l'amour qu'elle porte à nostredite Cousine future Epouse sa fille, a quitté et promis acquitter icelle *de tout ce qu'elle pourroit devoir jusques à huy ; et aussi nostredite Cousine future Epouse quitte nostredite Cousine Duchesse sa mere de toute l'entremise et administration, qu'elle aurait euë par cy-devant, de tous ses biens et revenus jusques à huy, tant à cause de la succes-*

sion de nostredit feu Cousin son pere, que autrement, et quelque cause et occasion que ce soit, et en ce faisant, demeureront les fruits et deniers, qui en sont dûs et écheus jusqu'à huy, au profit de nostredite Cousine Adrianne Duchesse de Touteville, sans aucunement déroger ou prejudicier au doüaire d'icelle sur ledit Comté de S. Pol, et autres Terres et Seigneuries, de ladite succession de nostredit feu Cousin le Duc de Touteville, pere de nostredite Cousine future Epouse. LESQUELS TRAITEZ, accords, promesses et obligations, peines, sermens, donations, conventions et autres choses dessus declarées, lesdites Parties en droit soy, et chacun d'eux pour son regard, ont promis et promettent, en foy de Prince et Princesses, et par leur serment, pour ce donné et baillé corporalement sur les saints Evangiles de Dieu, ez mains desdits Secrétaires, presens et acceptans, sous l'obligation respectivement, de tous et chacuns leurs biens meubles immeubles, presens et avenir, et de leurs hoirs, successeurs et ayans cause, tenir, entretenir, fournir, accomplir et avoir pour agreable, ferme et stable à toujours, sans jamais y contrevenir, ne souffrir y estre contrevenu, en quelque sorte ou maniere que ce soit. Et se sont lesdites Parties, et chacunes d'icelles respectivement, démises, désaisies et devestues, ez mains de Nous, et de nosdits Notaires et Secretaires, desdites choses par eux respectivement données; et icelles, lesdits cas, et chacun d'iceux advenans, dés à present comme pour lors, se sont constituez tenir et posseder au profit l'un de l'autre, et des absens, tant nez que à naistre, qui y peuvent et pourront cy-aprés avoir et pretendre droit et interests. Et les ont, ensemble tous leurs autres biens, specialement hypotequés à l'entretenement du contenu en ces Presentes; et ont affirmé lesdites Parties, moyennant le serment par elles baillé ausdits saints Evangiles de Dieu, en la presence de Nous, et de nosdits Notaires et Secretaires; et encore dient, jurent et affirment pour verité, qu'ils n'ont fait, passé, ny accordé entr'elles, ne envers quelqu'autres personnes, de quelque qualité qu'elles soient, aucunes promesses ou conventions quelconques, par lesquelles puisse estre en aucune maniere préjudicié ny derogé aux choses cy-dessus contenues;

et si aucune chose en avoit esté par eux ou l'un d'eux faite ou passée au préjudice du present Traité, elles y renoncent dés maintenant, les adnullant et mettant du tout au neant. ET ONT PROMIS et promettent lesdites Parties chacun en droit soy, rendre et payer tous cousts, frais, mises, dommages, journées, sallaires et dépens, qui frayez et soutenus seroient, pour cause des choses susdites, ou aucune d'icelles non accomplies, se soumettant pour ce à justicier et exploiter, par et sous toutes Justices qu'ils soient et pourroient estre tenus. ET RENONCENT lesdites Parties, chacun en droit soy, pour tout ce qui leur touche et peut toucher, à toutes exceptions, deception de dol, fraude, erreur et toutes graces, franchises, libertez et absolutions quelconques, contraires à tout ce que dessus ; et generalement renoncent lesdites Parties à toutes choses quelconques, tant de fait que de droit, Us ou de Coutume, que aider et valloir leur pourroient, pour venir contre l'effet de ces Presentes. LESQUELLES choses dessus contenuës, ont été faites, passées et accordées par les Personnes, et en la forme que dessus, en la presence, et de l'exprés vouloir, accord et consentement de Nous, authorisant et approuvant tout le contenu audit Contract, et en tous ses points et articles, mesmement en ce qui concerne les articles faisant mention de la declaration des Noms et Armes de ladite Maison de Touteville. Voulons, accordons et consentons iceux estre gardez, entretenus et observez par nostredit Cousin le Duc de Nivernois, et ses successeurs descendans dudit mariage, tout ainsi qu'il est contenu audit Traité, auxquels d'abondant, entant que besoing seroit, Nous avons, de notre pleine puissance et auctorité Royalle, donné et donnons lesdits Nom et Armes de ladite Maison de Touteville, pour d'iceux joüir et user, et les porter tout ainsi qu'il est contenu audit Traité. EN TEMOIN et approbation de tout ce que dessus, avons à ces Presentes fait mettre et apposer notre Scel. DONNÉ à S. Germain en Laye, le deuxiéme jour d'Octobre, l'an de grace mil cinq cens soixante, et de notre Regne le deuxiéme.

Lettres-patentes de Charles IX, pour contraindre le clergé de Nevers à vendre des reliquaires et argenterie pour 5,980 livres.

(17 octobre 1562.)

CHARLES, par la grâce de Dieu, Roi de France, au bailli de Saint-Pierre-le-Moûtier ou son lieutenant, salut. Notre amé et féau le sieur de La Fayette, chevalier de notre ordre, capitaine de cinquante hommes d'armes, nous a fait entendre : comme lui étant notre lieutenant en la ville de Nevers et pays de Nivernois durant les mois de juin, juillet, août derniers passés, les gens du clergé d'icelle ville lui auraient offert fournir des argenteries de leurs églises, jusqu'à la valeur de la somme de sept mille livres tournois, pour employer au paiement des gens de pied et de cheval que le sieur de La Fayette avait lors fait lever au pays de Nivernois, pour la défense d'icelui à l'encontre des séditieux et rebelles contre Notre Majesté ; sous l'assurance de laquelle promesse, icelui sieur de La Fayette pour accélérer ledit paiement aurait fait prendre des deniers de nos finances la somme de 5,980 livres ; c'est à savoir : de messire Jehan Seigneuret, receveur de l'arrière-ban de Nivernois, 700 livres ; de messire Charles de Grantry, receveur des aides et tailles audit pays, 1,600 livres ; et de messire Jehan Destrappes, commis à la recette générale de Bourges, 3,680 livres ; et icelles sommes fait mettre ès-mains de Hugues de Corbigny, par lui commis à faire les paiements, espérant en brief faire rembourser icelles sommes des deniers qui procèderaient desdites argenteries, lesquelles les gens d'Eglise avaient différé et délayé de fournir comme ils font encore à présent, à cause que pour aucuns importants affaires icelui sieur de La Fayette aurait tôt après été employé pour notre service en autres pays. Et pour ce que la nécessité de nos affaires ne peut permettre que nos finances ordinaires, desquelles avons fait état dès le commencement de l'année présente demeurent et soient chargées d'icelle somme : Aussi qu'il est bien raisonnable que les dessusdits dudit clergé fournissent de leurs argenteries jusques à la valeur d'icelle somme de 5,980 livres, et attendu qu'elle a été employée spécialement pour leur protection et sauvegarde, et pour cas semblable plusieurs autres Eglises ont fourni leurs argenteries;

Nous vous mandons, commettons et ordonnons que vous ayez à contraindre les dessusdits du clergé de Nevers à fournir dedans quinzaine, en l'une de nos monnaies, de leurs reliquaires jusqu'à la juste valeur d'icelle somme de 5,980 livres, ou bien iceux vendre ainsi qu'ils aviseront le mieux pour leur commodité pour les deniers qui en proviendront être par eux payés audit de Corbigny pour par lui être rendus et restitués aux dessusdits Seigneuret, de Grantry et Destrappes, procédant par nous à l'encontre d'iceux dudit clergé par toutes voies et manières sûres et raisonnables, et comme il est accoutumé pour nos deniers et affaires, nonobstant oppositions ou appellations quelconques, pour lesquelles ne voulons être différé de ce faire et accomplir.

Nous avons donné et donnons pouvoir, commission, autorité et permission spéciale; mandons et commandons à tous nos justiciers, officiers et sujets que, à vous ce faisant, prêtent et donnent conseil, confort et prison, si besoin est et requis en sont, car tel est notre plaisir.

Donné au camp devant Rouen, le dix-septième jour d'octobre l'an de grâce 1562, et de notre règne le deuxième.

Signé et scellé du grand sceau sur double queue de cire jaune.

Ces lettres-patentes furent présentées par Hugues de Corbigny à Jehan Tenon, bailli de Saint-Pierre-le-Moûtier, qui donna ordre immédiatement à Jehan Berriat, sergent royal au bailliage, de les mettre à exécution.

Ce fait se rattache à un épisode des guerres de religion à

Nevers, dont parle Théodore de Bèze dans son *Histoire des Églises réformées*, t. II, p. 408 et suivantes.

FONDATION PERPÉTUELLE

DE LUDOVIC DE GONZAGUE ET HENRIETTE DE CLÈVES,

EN FAVEUR DE SOIXANTE FILLES PAUVRES.

(1573 — 1588.)

Ludovic de Gonzague, le prince qui a fait le plus de bien à notre pays, et dont la mémoire a été toujours chère aux Nivernais, voulant remercier Dieu solennellement de l'avoir maintenu dans les saines doctrines du christianisme dans un temps où l'hérésie faisait tant de prosélytes, et pour en conserver éternellement le souvenir, s'engagea à doter chaque année, dans l'étendue de ses terres, soixante filles pauvres. Il existe aux archives un document précieux et authentique qui contient les différents actes de cette fondation, passés pardevant notaires à Paris, le 5 novembre 1573 et le 14 février 1588. Je vais en donner quelques extraits, propres à faire comprendre cette fondation, que le pape Sixte-Quint n'a pas dédaigné de confirmer par une bulle en date du 10 novembre 1586, et très-utiles pour l'histoire et la géographie du Nivernais pendant le seizième siècle.

Ludovico de Gonzague, Duc de Nivernois et de Rethelois, Prince de Mantoue, Pair de France, Gouverneur et Lieutenant-

Général pour Sa Majesté, en sondit duché de Nivernois et en la province de Picardie ;

Et HENRIETTE DE CLÈVES, Duchesse et Princesse desdits lieux, son épouse, de lui autorisée en cette partie. . . . . . .
. . . .

Desirans recognoistre en toute humilité, les grands et singuliers benefices qu'ils ont receus de la grace et bonté de Dieu, en infinies sortes et manieres ; mesmes en ce qu'il luy a pleu les retenir et conseruer au sein de son Eglise en ces temps si turbulens, pleins d'heresies, diuisions et impietez ; et leur donner posterité et lignée, laquelle (comme ils esperent) recognoistra de race en race à l'aduenir telles graces et biensfaicts : Considerans d'ailleurs que la perfection de la Charité chrestienne consiste és effects principallement durant nostre vie, qui ne peuuent estre que bons et saincts quand il plaist à Dieu mettre la main au commencement et à la fin de l'œuure, le remplissant de ses benedictions ; Et que la charité la plus parfaicte et agreable à Dieu, est celle de laquelle non seulement le corps, mais aussi l'esprit et l'ame se ressentent ; Ce qui se trouue à l'endroit des pauures filles, lesquelles n'ayans aucuns moyens, se peuuent oblier et abandonner à vice : Et pourtant le mariage, outre ce qu'il retient leur ame et esprit plus adeliure, et en plus grand repos enuers Dieu, et garde de tomber en peché, peuple de lignée legitime la posterité, et fait qu'auec moiens honestes elles passent le cours de ceste caducque et fragile vie.

Pour ces causes et considerations iceux Seigneur et Dame, Duc et Duchesse, apres auoir deuotement imploré l'aide du benoist Sainct Esprit, le suppliant de les assister en vne si pieuse et charitable entreprise, et la benir de ses sainctes et heureuses graces, ont moderé les formes de l'execution de ladite fondation en la sorte cy apres declairée. Et d'ailleurs, parce qu'elle doit estre executée la plus grande partie en simples villages, esquels n'y a gens de grande doctrine et scauoir, ont trouué bon de s'accorder à vn stile aysé, et vser de quelques redittes pour rendre leur intention plus facile et intelligible à chacun.

Et parce que ladicte fondation de soixante pauures filles a

esté faicte des l'année M.D.LXXIII, et commencée à estre executée à Pasques ensuiuant M.D.LXXIIII. Lesdits Seigneur et Dame veulent et entendent la continuer et rendre perpetuelle en leurs terres et seigneuries estans nuement à eux, ou y aians la haute Iustice.

Et pource faire, entendent que tous les ans il soit choisy et esleu vne fille qui soit née leur subiecte en chascune parroisse particuliere, tant soit elle petite, à eux appartenant nuement et directement, ou que la haulte Iustice soit à eux par indiuis; ou bien en la part qu'ils auront es villages, hameaux, ou maisons de ladicte paroisse, et non ailleurs, d'autant qu'il se trouue aucun desdicts hameaux appartenans à mesdicts Seigneur et Dame en toute haulte Iustice, qui dependent de parroisses estans en la haulte Iustice d'autres Seigneurs; En ce cas ils entendent que ceux qui sont destinez pour eslire lesdictes filles en la paroisse plus prochaine desdicts hameaux appartenans à mesdicts Seigneur et Dame, comprennent en l'eslection qu'ils feront par chacun an, les filles desdicts hameaux, de la qualité portée par ladite fondation, auecques celles desdictes parroisses : espérans qu'à leur imitation leurs voisins en pourront faire autant en leurs terres; pour d'icelles en estre mariées actuellement par chacun an ledit nombre de soixante, selon le département qui sera déclairé cy après par chacune Chastellenie et Seigneurie.

Desquelles Seigneuries, Chastellenies, ou Preuostez, aduenant qu'eux ou leurs Successeurs en vendent, alienent ou baillent en partage; ou bien aucune parroisse particuliere ou villaige dependant d'icelles; entendent qu'elles ne perdent pour cela le droict de nommer et presenter chacun an vne fille capable pour estre mariée en la Seigneurie, Chastellenie, ou Preuosté dont elle estoit dependante, pour memoire qu'elle aurait esté comprise en la presente fondation.

Aussi ou mesdits Seigneur et Dame, et les leurs, acquerroient cy apres aucunes parroisses ou villages proches et dependans desdictes Chastellenies, Preuostez, terres et Seigneuries, ou qu'ils vinssent à succeder à d'autres prochaines d'icelles en quelque sorte que ce fust ; Et qu'en icelles ils eussent la haute Iustice ; ou en partie desdictes parroisses, veulent et entendent qu'elles participent audit benefice, comme si des le iour de la presente fondation elles leur eussent appartenu.

D'avantage ont par expres dit et declairé, que ores que par grande et vrgente nécessité Ils vendent et alienent, ou baillent en partage cy apres aucunes terres et seigneuries, ou parroisses dependantes d'icelles : et mesmes aucunes desdites Chastellenies et Preuostez, entendent neantmoins qu'elles demeurent touiours chargées de ladicte fondation, sans qu'elle puisse estre changée ou innouée par les acquereurs, sur les peines cy après portées : Et ce pour ne deffrauder leur bonne et saincte intention, qui est de faire marier tous les ans à perpetuité soixante pauures filles ; Le departement desquelles est tel.

. . . .

En leur duché de Nivernoys, pour la grandeur et estendue d'iceluy, trente filles ; Assauoir vingt une au Niuernoys, et neuf au Donzioys, es Chastellenies cy declarées.

En la ville et Chastellenie de Neuers, et parroisses dependantes d'icelles, tant dedans la ville que dehors, appartenans à mesdits Seigneur et Dame en domaine, ou qu'ils ayent la haulte Iustice, ou en partie, de ladite paroisse, quatre ; deux pour le corps, et les faulxbourgs de ladite ville, attendu qu'il y a onze paroisses en icelle ; Et deux autres pour les parroisses restans de ladicte Chastellenie, y comprins les Amoignes, la Marche et Pogues. La derniere election desquelles paroisses de la ville et faulxbourgs de Neuers, se fera en l'Eglise S. Martin : Et pour le regard des autres parroisses de ladite Chastellenie, à ce que pour la qualité du lieu la forme y soit plus exactement gardée, et avec plus de sincerité et loyauté, la derniere election se fera en l'Eglise S. Victor dudit Neuers. Es terres de Cuffy, la Guierche, et Chastel neuf sur Allier, et parroisses dependantes, deux autres ; la dernière élection desquelles se fera pareillement pour les raisons susdites en la ville de Neuers, en l'Eglise S. Sauueur. En la Chastellenie de Decize, Champvert, Cercy la Tour, Ganna, Charrin, et parroisses dependantes, le nombre de trois ; estant ladite ville de Desize le chef-lieu pour ledict effect. Es villes et terres de Luzy, Tresillon, Sauigny, Poil fol, et parroisses dependantes, ladite ville de Luzy tenant le chef-lieu pour cest effect, le nombre de deux. En la ville et Chastellenie de Moulins les Engilbertz, et parroisses d'icelle, vne. En la Chastellenie de Lyernays, et saint Brisson, et parroisses d'icelle, dont ledit Lyernais sera le chef-lieu, vne. En la Chastellenie de Montreullon, vne. En la ville et Chastellenie de S. Saulge, et parroisses dependantes, vne. En la chastellenie de Montenaison, et Lursy le bourg, et parroisses dependantes, dont ledit Montenaison sera le chef-lieu, vne. Es Chastellenies de Champarlement et Saxibourdon, et parroisses dependantes, dont ledit Champarlement sera le chef-lieu, vne. Es Chastellenies de Mers, Monceaux le Conte, Neuffontaines, et parroisses dependantes, le nombre de trois, dont ledit lieu de Monceaux sera le chef-lieu. En la ville et Chastellenie de Clamecy, et parroisses d'icelle, vne. En la ville et Chastellenie de Chastel Censoy, y compris Sargy, et paroisses dependantes, vne.

Au pays de Donzioys, membre dependant et reuny audit Duché et Pairie de Neuers, en seront mariées chacun an, neuf : Assauoir en la ville et Chastellenie de Donzy, compris Poigni, le Chastel de Cosne, Sainct Pere, et Myenne, et parroisses dependantes, appartenans seulement comme dit est à mesdits Seigneurs, ou qu'ils y ayent la haute Iustice, ou en partie de ladite parroisse, deux, dont la derniere election se fera en ladite ville de Donzy. En la Chastellenie de Chasteauneuf au val de Bargis, et parroisse d'icelle, vne. En la ville et Chastellenie d'Entrain, et parroisses d'icelle, vne. Es villes et Chastellenies de Billy et Coruol, vne ; et se fera la derniere election audit Billy. Es villes et Chastellenies de Drué et Destaix, et parroisse d'icelles, vne, dont la derniere élection se fera audit Drué. En la ville et Chastellenie de sainct Sauueur, et parroisses d'icelle, vne. En la ville et Baronnie de sainct Verain, Cosne et Bouhy, y compris Alligny, et parroisses dependantes, dont ladite ville de S. Verain sera le chef-lieu pour y faire la derniere election, vne.

En leurs terres assises au pays de Berry, Quatre filles : Assauoir en la ville et Chastellenie de la Chappelle Dampgillon, et parroisses dependantes appartenans seulement comme dit est, à mesdits Seigneur et Dame, ou qu'ils y ayent la haulte Iustice, ou en partie des parroisses ou hameaux, comme est dit en l'article cinquiesme, vne, dont ladite Chapelle sera le chef-lieu de ladite derniere election. En la soueraineté de Boisbelle, vne. En la Chastellenie des Aiz, et parroisses d'icelle, vne. En la ville et Chastellenie de Chasteau meillan, et parroisses d'icelle, vne.

En la Sirie d'Orval assise au pays de Bourbonnois, compris la ville de sainct Amant, et la Chastellenie Despineul et Bruyeres sur Cher, auec les parroisses en dependantes appartenans seulement à mesdits Seigneur et Dame, ou es hameaux, selon qu'il est dit audit article cinq, deux; desquelles la derniere election se fera en ladite ville de sainct Amant.

Au pays et Duché de Rethelloys, quinze : Assauoir en la ville et Preuosté de Rethel et du Chastellet, et parroisses d'icelle appartenans seulement à mesdits Seigneur et Dame, ou qu'ils y ayent la haulte Iustice, ou en partie desdites parroisses ou hameaux, selon que porte ledict article cinquiesme, trois, dont ladite ville de Rethel sera le chef-lieu ou se fera la dernière election. En la ville et Preuosté de Mezieres, y compris Vuarcq, et la terre soueraine d'Arches, et parroisses dependantes, quatre. En la ville et Preuosté de Donchery, et parroisses d'icelle, deux. En la Preuosté d'Omont, et parroisse d'icelle, deux. En la ville et Preuosté de Bourg, et parroisses d'icelle, deux. En la ville et Preuosté de Brieulles, et parroisses d'icelle, vne. En la ville et Baronnie de Rozoy, et parroisses d'icelle, vne.

En la Principauté de Mantoue, assise au pays de Thimerais, deux, dont l'vne sera esleue et mariée en la Chastellenie de Senonches, et parroisses d'icelle appartenans à mesdits Seigneurs, si aucunes y a. Et l'autre semblablement esleue et mariée en la Chastellenie des Brezolles, et parroisses d'icelle appartenans à mesdits Seigneurs, si aucunes y en a.

En leur ville et Chastellenie de Colommiers en Brye, compris sainct Remy, et autres parroisses estans de ladite Chastellenie, appartenans comme dit est à mesdits Seigneur et Dame, ou qu'ils y ayent la haulte Iustice, ou en partie desdites parroisses, dont ladite ville de Colommiers sera le chef-lieu pour en faire la derniere election, vne.

Es terres appartenans à mesdits Seigneur et Dame au pays de Picardie, quatre : C'est assauoir en la Chastellenie de sainct Vallery, y compris Cambron et Beaumetz, et parroisses dependantes, dont ledit sainct Vallery sera le chef-lieu, deux. Au pays et Roc de Cayeu, y compris Boullencourt en Sery, dont ledit Cayeu sera le chef-lieu, et parroisses dependantes si aucunes y en a, vne. En la Chastellenie d'Ault, vne.

En leur Sirie de Lesparre et pays de Medoc assis en Guyenne, et parroisses dependantes d'icelle, appartenans à mesdits Seigneur, deux ; dont la derniere election se fera à Lesparre.

. . . .

Pour effectuer donc ladite premiere election en chacune des parroisses dependantes des Chastellenies ou Preuostez principales cy deuant specifiées, appartenans en tout ou partie auxdits Seigneurs, comme a esté dit article cinq, leur intention est que les Curez ou leurs Vicaires aduertissent à leur prosne du iour de Pasques fleuries, les Maire, Escheuins, Procureur du fait commun, Asseyeurs des tailles, Marguilliers ou Procureurs de la Fabricque, Greffier, Tabellion ou Notaire du lieu, de s'assembler en l'Eglise enuiron les deux heures apres midi, lors que la cloche sonnera, iusques au nombre de neuf ou sept pour le moins, si tant s'en trouue ; et si c'est en vne ville ou il y ait plusieurs parroisses, que les parroissiens plus anciens et notables de chasques parroisses s'assemblent comme dit est, iusques audit nombre de neuf ou sept au moins, ledit iour de Pasques fleuries, qu'ils ont pour la dignité dudit iour estimé propre pour vn si bon œuure, un peu auparauant vespres : Et là estans assemblez, ils choisissent en la presence du Procureur fiscal ou de son Substitud, d'vn commun consentement d'eux tous, ou bien par le plus grand nombre de voix d'entr'eux, qui seroit de cinq estans assemblez au nombre de neuf, et de quatre n'estans que sept, trois hommes et trois femmes, qu'ils estimeront estre des plus notables et charitables de ladite parroisse et hameaux appartenans à mesdits Seigneurs comme dit est article cinq, qui toutesfois ne seront leurs femmes, fils ou filles : Lesquels trois hommes et trois femmes auront la charge d'elire la pauure fille selon la presente fondation. Et à l'instant mesmes qu'ils auront nommé lesdits trois hommes et trois femmes, feront escrire sur vn papier, leur nom par le Greffier, et en son deffaut par le Tabellion, Notaire, ou autre qui sera present, et au dessoubs d'iceluy se signeront ou feront declaration ne sçauoir signer ; qui sera inserée par ledit Greffier, Tabellion ou Notaire, afin de certifier leur election : et puis ils donneront la charge à quelques vns d'entr'eux d'aduertir (comme ils pourront facilement faire) lesdits trois hommes et trois femmes estans tous assemblez, de prier Dieu durant Vespres, qu'il les veuille inspirer d'elire la fille plus pauure et necessiteuse, et de la qualité cy apres declarée article vingt-cinq. Ce que lesdits Seigneurs desirent, et entendent qu'ils facent precisement au sortir de vespres, ainsi qu'il sera dit cy apres, sans attendre plus tard. Ouquel temps les susdits elisans bailleront ausdits trois hommes et trois femmes iedit escrit signé par eux comme dit est, pour leur seruir de tesmoignage vallable comme ils auront esté nommez et auctorisez pour proceder à l'election de ladite pauure fille. Et au cas que les susdits eussent esleu quelque homme ou femme qui ne se trouuast pour lors presente en ladite Eglise, mesdits Seigneurs entendent qu'au sortir de vespres, pour le plus tard, ils en elisent d'autres en la place des absens, iusques audit nombre de trois hommes et trois femmes.

. . . .

Les vespres donc estans paracheuées, lesdits trois hommes et trois femmes se retireront à part en ladite Eglise, où lesdits Seigneurs prient le Curé ou son Vicaire de les admonester de s'acquiter de leur deuoir, à proceder sincerement et en leur conscience au fait de ladite election, leur remontrant qu'en cela il y va du salut de leurs ames; et puis priera Dieu pour eux à l'effect que dessus, et leur fera prester le serment requis en telles solemnitez, en la forme qui s'ensuit :

Nous iurons et promettons à Dieu le Createur, sur la part de Paradis qu'attendons de luy, et sur nostre honneur et conscience, de choisir sans passion, affection quelconque, ny particulier interest, la fille de ceste parroisse que nous estimerons sans aucun moyen, ou la plus pauvre et necessiteuse ; agée pour le moins de seize ans et au dessus, née subiette de mesdits Seigneur et Dame, reputée estre née en loyal mariage, dont nous congnoissons les Pere et Mere ; baptisée en ceste parroisse, bien viuante, fille de bien, et quelle soit de la Religion Catholique, Apostolique et Romaine ; et laquelle n'est et n'a esté à nostre seruice, ny a celuy des Officiers principaux, ne du Curé ou son Vicaire de ceste Chastellenie et parroisse depuis vn an en ça ; et de laquelle n'en sommes Peres, Freres, ny Oncles ; et que de tout nostre pouuoir fidellement et en nostre conscience la choisirons de la qualité requise, selon l'intention charitable, et fondation de mesdits Seigneur et Dame les Duc et Duchesse de Niuernoys et de Retheloys, fondateurs.

. . . .

Apres que lesdits trois hommes et trois femmes auront presté le serment, à l'instant mesme se retireront un peu à part d'auec les autres, en quelque endroict de la Nef de l'Eglise, où ils aduiseront entr'eux six seulement, quelle fille de ladite parroisse ils doiuent eslire, de la qualité portée par ceste fondation, preferant toutesfois la fille orpheline aux autres ; et puis l'ayant choisye et esleue du consentement de tous les six, ou pour le moins des deux tiers, qui sont quatre, la nommeront incontinant audit Curé ou son Vicaire, et au Substitud de la Seigneurie, et aux autres qui les auront esleuz, qui auront voulu par charité ou pour gagner les Pardons octroyez de nostre sainct Pere, s'arrester en ladite Esglise iusques à ce que ladite election soit faicte. Et aduenant que lesdits trois hommes et trois femmes se trouuassent diuisez d'opinion, et qu'ils en eussent deux, en ce cas les nommez cy dessus qui se trouueront presens, esliront celles des deux qu'ils estimeront en leur conscience plus necessiteuse, et qui soit de la qualité portée par ceste fondation ; et puis tous ensemble, auec lesdits trois hommes et trois femmes, feront au mesme temps escrire par ledit Greffier, Tabellion, Notaire, ou autre qui sache escrire, vn certificat.

. . . .

Par le moyen duquel Certificat, ladite fille sera capable d'obtenir ledit dernier sort audit chef-lieu le Mardy après Pasques, comme a esté dit ; et les susdits Certificateurs en demeureront tousiours responsables deuant Dieu, et en leur honneur et conscience, aduenant qu'ils l'eussent certifiée par malice, estre autre qu'elle ne doibt estre.

. . . .

Et lorsque toutes lesdites filles esleues es parroisses particulieres de la Chastellenie ou Preuosté seront venues, ou autres pour elles, en l'Eglise où se debura faire ledit Mardy la derniere Election de celles qui seront mariées ceste année là ; Et qu'elles auront deuotement assisté au seruice de la Messe, le Procureur de mes Seigneur et Dame les feront retirer auec leurs parens et amis qu'elles auront voulu amener, ou bien les envoyez pour elles, au lieu plus grand et spacieux qui sera en ladite Eglise, et non ailleurs, ny en autre lieu estroit et resserré ; et ce pour donner moyen à tous ceux à qui bon leur semblera, et voudront par charité assister à ladite election, et gaigner les pardons transcripts à la fin des presentes, octroyez par nostre sainct Pere le Pape, à ceux qui assisteront à ladite election, d'y estre commodement, et donner occasion qu'elle soit executee selon l'institution et volonté lesdits Seigneurs.

Et là estans, se feront les Officiers de mesdits Seigneur et Dame representer les Certificats de l'election qui aura esté faite desdites filles ; lesquels ayant trouuez bons et vallables, ils feront au mesme temps mettre en rang et ordre lesdites filles ou leurs enuoyez, selon que les parroisses de chacune Chastellenie ou Preuosté seront enfin escriptes, sans changer ny innouer autre rang et ordre que celuy cy apres escrit, sur peine d'estre lesdits officiers estimez faulsaires, et indignes de tenir aucun estat. Et là estans toutes rangées selon ledit ordre, ils feront faire place derrière elles, ou de ceux qui seront venus pour elles, pour si mettre vn ou deux des parens ou amis qui y seront venus pour les assister à ladite derniere election, et prendre garde qu'il ne leur soit fait aucun tort.

. . . .

Au mesme instant que tout ce que dessus aura esté executé, sera fait en la presence de tous par ledit Greffier, vn nombre triple de Billets d'autant qu'il y aura de filles esleues en chacune desdites parroisses ; comme s'il y en auait neuf esleues en neuf des parroisses dependantes de ladite Chastellenie ou Preuosté, faudra qu'il y ait vingt-sept Billets, pour euiter la fraude le plus qu'on pourra, qui s'y pourroit faire si l'on congnoissoit lesdits Billets ; et selon le nombre des filles qui se deuront marier en ladite Chastellenie : Assauoir s'il s'en doit marier trois, seront escrits en trois Billets, *Dieu vous a esleue ;* Et en tous les vingt-quatre autres, *Dieu vous console :* Lesquels seront tous faits d'vne mesme grandeur, et entortillez et enfermez d'vne mesme façon, chacun d'vne bague ou maille de fer.

Et puis seront ietez dedans vn pot couuert de linge, par la plus agée desdites trois femmes qui auront esté choisies le iour de Pasques fleuries pour eslire la fille en ladite parroisse principale, s'y elle si voudra trouuer ; sinon par l'autre de ses compaignes qui par charité s'y trouuera ; et cela fait, sera ledit pot couuert et secoué pour mesler en iceluy lesdits Billets, de peur que les premieres filles ne soient preferées audit sort : Et puis les feront tirer par vn enfant de l'aage de quatre à cinq ans pour le plus, qui ne soit proche parent d'aucunes desdites filles ; Lequel ayant le bras retroussé, et les doigts tous ouuerts, pour euiter qu'il n'en cache aucun en sa main, en tirera dudit pot vn, et puis vn autre, et puis le troisiesme : Lesquels trois il baillera à la fille, ou autre pour elle qui sera la premiere en rang qui les ouuriront, et feront lire par leurs parens ou amis, et quant et quant par ledit Greffier ; puis on continuera d'en tirer et bailler trois autres qu'il tirera vn à la fois, comme dit est, à la seconde fille ; et de mesme sera à la troisiesme, et aux autres ainsi qu'elles, ou les enuoyez pour elles, seront rangées selon qu'il a esté dit, à celle fin qu'elles puissent bien estre asseurées que l'on ne leur aura changez en les lisant, comme se pourroit facilement faire si l'on n'y prenoit garde, et qu'on y voulust proceder de mauuaise foy. A cette cause celui qui les lira haussera le bras, et tiendra la main et doigts ouuerts, afin de faire apparoir qu'il n'en auoit d'autres de cachez en sa main, et puis continuera le reste.

. . . .

Celle donques desdites filles à qui sera escheu et aduenu ledit billet portant ces mots, *Dieu vous a esleue*, sera mariée en ladite année; Et à ceste fin seront les parens et tuteurs soigneux et diligens de luy trouver party dedans le iour et feste de Pentecoste ensuiuant, afin de la pouuoir au plustost mettre en quelque repos honneste.

. . . .

Et pour donner d'autant plus occasion à chacun de rechercher lesdites filles, outre ladite aumosne de seize escuz quarante sols, ont mesdits Seigneur et Dame resolu et deliberé, si ceux qui les espouseront s'en trouvent capables, de leur departir et conferer les estats de Notaires, Sergens, Geolliers, Concierges, Gardes des boys, Messaigers, et semblables autres offices de telle qualité, plustost qu'aux autres personnes qui n'en auront espousé, pour favoriser d'auentage lesdits mariages; esperans que si tant de pauures filles qui sont en la Chretienté destituées de tous moyens, ne delaissent de trouuer party, que celles cy estant aidées de ladite Aumosne, et de l'esperance que leurs maris auront d'estre pourueuz de semblables estats, s'ils en sont capables, qu'elles trouueront plus facilement quelque bon party, pour se mettre en un honneste repos le reste de leur vie. Aussi esperent mesdits Seigneurs, qu'en baillant lesdits Estats à ceux qui les espouseront, ils apporteront une certaine affection plus que de l'ordinaire à bien seruir mesdits Seigneur et Dame, et leurs successeurs; et par consequent de s'acquitter à leur honneur de la charge qu'ils leur auront conferée.

. . . .

Ledit iour apres la Pentecoste, lesdites filles se representeront auec leurs fiancez, et quelques parens, au Chasteau ou lieu principal de ladite Chastellenie ou Seigneurie ; Là où en la presence des Officiers d'icelle, et nommement du Procureur fiscal, sera redigé par escript le contract de Mariage desdites filles par le Greffier du lieu ; auquel mesdits Seigneur et Dame enioignent expressement d'ainsi le faire, sans aucun salaire, ne proffit autre que des cinq solz pour la peau de parchemin, par lequel contract elles seront priees et admonestees en memoire du Benefice de ladite election, de prier Dieu en la forme que dessus pour mesdits Seigneur et Dame, et leurs successeurs procreez de leurs corps, en recognoissance du bien fait qu'elles ont receu d'eux.

Et puis ledit Contract ainsi dressé sera leu ledit Lundy première ferye de Pentecoste, devant la porte de l'Église, et baillé à chascune desdites filles par lesdits Officiers vne bague d'argent de la valleur de cinq solz, qui leur seruira pour les espouser, laquelle elles porteront en leur poulce, et sera appellee *la bague de souuenance de leur mariage et prieres*, laquelle mesdits Seigneur et Dame les prient de porter, et soigneusement garder.

En leur baillant laquelle, elles seront aduerties de ne faire aucuns frais de Nopces, festins, et banquets, à peine de priuation de la somme à elle Aumosnee. Ce que le procureur fiscal de mesdits Seigneur et Dame sera par expres tenu et chargé de leur faire entendre, et tenir la main qu'ils le facent ; Comme aussi que le fermier ne dilaye autrement à payer comptant à ladite fille et à son mary les seize escus quarante solz, desduits les cinq solz pour ladite bague, et cinq solz pour le parchemin du contract.

Si dedans ledit iour de Pentecoste la fille ainsi esleue ne pouuoit trouuer party, n'entendent pour cela mesdits Seigneur et Dame qu'elle perde le droict que son election lui auroit acquis par la grace de Dieu, iusques à ce qu'elle ayt trouué party convenable, pourueu qu'elle viue tousiours Catholiquement, et en fille de bien ; comme aussi s'il luy aduenoit inopinément quelque petite succession en ligne collaterale, laquelle ne luy fust auparavant acquise et destinee, entendent neantmoins que ladite

Aumosne luy demeure, à la charge toutesfois que aussi tost qu'elle aura trouué party elle soit tenue de se representer à vn iour de feste en l'Eglise de la parroisse de sa Chastellenie, pour là en la presence des Officiers, et particulierement du Procureur de la Seigneurie estre dressé le contract de mariage, et mariee.

Et ov il aduiendroit qu'elle decedast auparauant que d'estre mariee, ce Benefice sera transferé à celle de ses sœurs viuant Catholiquement, et en fille de bien, qui sera plus preste à marier. puis que Dieu aura voulu faire tomber ceste Aumosne en sa maison.

Et av cas qu'elle morust n'ayant aucunes Sœurs, ou si en auoit qui decedassent sans estre mariees, ou bien que desia elles le feussent, sera l'annee prochaine en l'election derniere qui se fera le Mardy apres Pasques en l'Eglise principale de ladite Chastellenie, mis vn Billet d'auantage que l'ordinaire, soubs ce tiltre, *Dieu vous a esleue;* Afin que en ladite annee il soit maryé de plus que l'ordinaire vne fille de celles qui auront esté esleues, pour accomplir l'effect de ceste fondation, qui est de marier tous les ans soixante filles.

. . . .

Et affin qu'il n'y ait aucune faute ne retardement à l'execution de la presente fondation, mesdits Seigneur et Dame veulent et entendent que au mesme iour, et tout aussi tost que ladite fille aura esté esleue le Mardy après Pasques, lesdits fermiers ou receueurs s'obligent de lui payer le mesme iour de son mariage ladite somme de seize escuz quarante solz vallans cinquante liures, en monnoye de Roy, et ayant cours, par obligation de corps et de biens; et auec peine de dix solz pour chacun iour de cessation dudit payement apres ledit iour expiré de sondit mariage, applicable moitié a la fille a laquelle le denier aura esté retardé, et l'autre moitié a la fabrique de la parroisse ou la fille aura esté nee.

Et av cas que ladite fille ne fust maryee ledit iour apres la Pentecoste, et qu'elle ne peust si tost trouuer party, mesdits Seigneurs veulent pour asseurer les deniers à ladite fille, que lesdits fermiers ou receueurs soient tenus representer à la fille, et à ses parents, et aux Officiers de ladite Chastellenie, à la porte de la grande Eglise, le Lundy de la Pentecoste, ladite somme de seize escuz deux tiers vallans cinquante liures, en deniers comptans, desduits lesdits dix solz pour la bague, et parchemin ; pour estre delaissee entre les mains dudit fermier, ou bien à l'instant mise es mains d'vn notable Bourgeois ou Marchant, qui sera nommé aux Officiers desdits Seigneur et Dame par ladite fille, et par trois ou quatre de ses plus proches parens ou tuteurs qui seront presens ; et ce soubs la mesme peine de dix solz par iour applicable comme dessus : Lequel Bourgeois, ou Marchant, ou fermier, s'obligera à ladite fille par corps, de lui bailler ladite somme en monnoye de Roy, et ayant cours, le iour mesme qu'elle aura trouué party, et sera mariée, en la presence du Curé ou son Vicaire, l'vn des Escheuins, et l'vn des Marguilliers, ou Procureur de la fabrique, et du Procureur de mesdits Seigneurs ou de son Substitud, et du Greffier qui aura receu le Contract ; lequel fera la quitance sans en receuoir aucun salaire que les cinq solz cy dessus declarez, sur peine de payer le double par lesdits fermiers et Greffier : Et si tous les susdits ne s'y peuuent trouuer, ce sera en presence du plus grand nombre qu'il sera possible, pour tesmoigner l'effect dudit paiement.

. . . .

Et prient lesdits Seigneur et Dame Messieurs les Archeuësques, et Euesques, ou leurs Suffragands, grands Vicaires, et autres ayans charge d'eux au diocese desquels sont scises lesdites Chastellenies, Preuostez, et terres, de tenir la main à l'execution de leur susdite fondation ; Et à cest effect aux Sennes* qu'ils tiendront, interpeller les Curez ou Vicaires de les faire obseruer en leurs parroisses, pour estre ung œuure de pieté, et dont ils sont principaux executeurs et protecteurs.

. . . .

Et à ce que tant que ladite rente, que le surplus du contenu audit present article soient bien et fidelement acquitez et payez ;

---

* Synodes.

Et que le contenu de cette présente fondation soit bien et exactement accomply, veulent et entendent lesdits Seigneurs qu'il y ait vn tiltre original d'icelle fondation qui soit gardé en ladite Armoyre par lesdits Sieurs Administrateurs dudit hostel Dieu, auec iceux procez verbaux, pour y auoir recours à s'y instruire du contenu d'icelle.

Et quant aux deniers qui seront necessaires, tant pour le paiement des arrerages de ladite rente, que pour l'estoffe et façon desdites bougies, getons*, bources, pilles et coings s'il en est besoin; Aussi la somme de cinq escuz cy apres ordonnez aux quatre mendians de ceste ville, et Couuent des Minimes de Nigeon, pour leur assistance, combien que le tout ne monte qu'à cent quarante quatre escuz, neantmoins mesdits Seigneurs ont trouué bon d'en destiner cent cinquante par chacun an, afin que les Receueurs dudit hostel Dieu present et aduenir n'ayent de long temps occasion de recourir aux heritiers de mesdits Seigneur et Dame pour augmenter ladite recepte, si les fraiz de la despence augmentoient aussi : lesquels cent cinquante escus ils entendent estre mis es mains dudit receueur du grand hostel Dieu, par le fermier de leur terre et Seigneurie de Collommiers, qui est la plus proche qu'ils aient de ceste ville de Paris, par chacun an le premier iour de Iuillet; suiuant le mandement qui en sera fait par lesdits sieurs Administrateurs, et quitance dudit Recepueur, portant promesse de luy fournir dans la S. Martin ensuiuant vn Certificat signé dudit Recepueur de l'hostel Dieu, et des gens dudit Conseil de ladite maison de Neuers, qui sont ou seront lors de la deliurance et presentation actuelle desdits getons et bougies en la forme susdite ; rapportant lequel mandement, quitance, et Certificat, lesdits cent cinquante escuz seront les premiers desduits, rabbatus et allouez

---

* Chaque année, le duc de Nevers faisait frapper trois cents jetons d'argent, pour être distribués aux trois premiers présidents et aux trois gens du roi, à raison de cinquante jetons chacun. On en frappait aussi dix-sept cents de cuivre, pour donner aux douze administrateurs, au receveur et au greffier de l'Hôtel-Dieu, aux deux greffiers du conseil et au procureur du parlement. J'en possède un de 1720, avec les noms et les armoiries de Louis de Gonzague et d'Henriette de Clèves, qui étaient morts depuis près d'un siècle et demi.

audit fermier ou receueur, sur ladite ferme ou recepte, sans aucune difficulté, par les Auditeurs de ses Comptes, et Tresorier general. Laquelle terre et Seigneurie de Collommiers lesdits Seigneur et Dame ont obligée et obligent à perpetuité au paiement desdits menus fraiz; et à cest effect ont fait donner à ferme ladite terre et Seigneurie à la charge de paier au iour susdit ladite somme en la forme prescripte, dont ledit Receueur de l'hostel Dieu se pourra adresser audit fermier tant qu'il demeurera en charge; et apres luy à celuy qui succedera en sa place, soit de fermier ou Recepueur comptable . . . . .

. . . .

BULLE DU PAPE SIXTE-QUINT,

AU SUJET DE LA FONDATION CHARITABLE DU DUC ET DE LA DUCHESSE DE NIVERNAIS.

(10 novembre 1586.)

SIXTUS *episcopus, servus servorum Dei, universis Christi fidelibus presentes litteras inspecturis salutem, et Apostolicam benedictionem. Ad salutem gregis dominici curæ nostræ divinitus commissi, more vigilis Pastoris intenti, personas quaslibet, maxime nobilitate generis pollentes, aliqua pia opera in suos subditos, et præsertim pauperes puellas rerum humano victui necessariarum penuria laborantes, matrimonio collocandas et dotandas, exercentes, ac Christi fideles singulos in hujusmodi operibus administrandis deputatos, quibusdam specialibus gratiis, indulgentiis videlicet, et peccatorum remissionibus, confovemus; ut alii iisdem gratiis allecti, ad similia peragenda proniores reddantur, ipsique Christi fideles exinde suorum abolita macula delictorum, ad æternæ beatitudinis gaudia facilius pervenire mereantur. Cum itaque sicut accepimus, alias dilectus filius, nobilis vir, Ludovicus de Gonzaga, Princeps Mantuæ, et Dux Nivernensium, ac Par Franciæ; et dilecta in Christo filia nobilis mulier Henrietta Clevensis, Duchissa etiam Nivernensium ac*

Registensium, *conjuges, provide considerantes quod in dominio, terris, et locis eorum ditionis, in quibus tercentum parochiæ ad minus reponuntur, nonnullæ puellæ pauperes propter defectum dotis sæpissime non inveniebant viros cum quibus matrimonio conjungi valerent, ac propterea ut plurimum puellæ ipsæ paupertate onustæ, et rei familiaris angustia laborantes, dotemque nullam habentes, in aliud vitæ minus honestum genus declinare cogebantur, unde scandala quam plurima in locis et terris prædictis oriebantur, ipsi Ludovicus Dux, et Henrietta Duchissa, ad hujusmodi scandala obviandum, paterna in suos subditos charitate ducti, ex eorum propriis bonis dotem competentem pro collocandis matrimonio singulis annis sexaginta puellis virginibus pauperibus nullam dotem habentibus, Catholicis tamen, et de legitimo matrimonio natis, ac ætatis legitimæ; quæ ex dominio terris et locis eisdem Ludovico Duci, et Henriettæ Duchissæ subjectis, per personas idoneas ad id deputatas, ac pro tempore deputandas eligi debeant in perpetuum, de Anno domini millesimo quingentesimo septuagesimo tertio, concesserint et adsignaverint;* Nos *cupientes ut electio puellarum hujusmodi ad Dei laudem et honorem fidelius ac sincerius, ac non solum cura temporali, sed etiam spirituali consolatione et fructu fiat; de Omnipotentis Dei misericordia, ac Beatorum Petri et Pauli Apostolorum ejus auctoritate confisi, omnibus et singulis utriusque sexus Christi fidelibus qui ad electionem puellarum hujusmodi faciendam pro tempore deputati fuerint, aut eamdem electionem per sic deputatos fieri, attento animo conspexerint, die qua ipsi pro electione cujuslibet puellæ virginis facienda in unum convenerint, et congregati in aliquibus et parochialibus Ecclesiis parochiarum predictarum puellas virgines matrimonio collocandas hujusmodi, juxta fundationem et intentionem Ludovici Ducis, et Henriettæ Duchissæ predictorum. videlicet ex pauperibus dotem nullam habentibus, Catholicis et ex legitimo matrimonio procreatis, ætatisque legitimæ, ex terris et locis illorum ducatus, et non alias elegerint, ac tam ipsis quam electis puellis, earumque sponsis in illarum matrimonio, et qua dos unicuique puellarum hujusmodi solemniter assignabitur, diebus, dummodo prius vere pænitentes et confessi, ac sacra communione refecti fuerint, et in parochiali Ecclesia illi apud quam quælibet congregatio et electio unius virginis pro tempore fiet, pro sanctæ Romanæ Ecclesiæ exaltatione, heresium extirpatione, ac alias pias ad Deum preces effuderint, plenariam omnium et singulorum peccatorum suorum indulgentiam et remissionem Apostolica auctoritate tenore presentium misericorditer in Domino concedimus et elargimur; Præsentibus, perpetuis futuris temporibus, duraturis. Volumus autem, quod si Christi fidelibus, et puellis præfatis ratione præmissorum aliqua alia indulgentia per nos concessa fuerit, eædem præsentes nullius sint roboris vel momenti.* DATUM *Romæ apud sanctum Petrum, Anno incarnationis Dominicæ millesimo quingentesimo octogesimo sexto, Quarto Idus Novembris, Pontificatus nostri Anno secundo.*

Cette fondation pieuse, qui fait le plus grand honneur à Ludovic de Gonzague et à Henriette de Clèves, sa femme, est une imitation de la célèbre fête de la Rose, instituée à Salency, dans le cinquième siècle, par saint Médard, évêque de Noyon. Ce bon évêque, qui était en même temps propriétaire du domaine de Salency, village à une demi-lieue de Noyon, avait imaginé de donner tous les ans, à celle des filles de sa terre qui jouirait de la plus grande réputation de vertu, une somme de vingt-cinq livres et une couronne de roses. On dit qu'il donna lui-même ce prix glorieux à l'une de ses sœurs que la voix publique avait nommée pour être *Rosière*. On voyait, il y a peu de temps, au-dessus de l'autel de la chapelle de Saint-Médard, située à une des extrémités du village de Salency, un tableau où ce saint prélat était représenté en habits pontificaux, et mettant une couronne de roses sur la tête de sa sœur.

M. de Soultrait, dans son *Essai sur la Numismatique nivernaise*, page 143, fait observer que les historiens ne s'accordent pas sur la date de cette fondation de Ludovic de Gonzague. Il dit que le P. Anselme la place en 1588, tandis que Coquille la recule à l'année 1574 ; et il se range du côté de Coquille, parce qu'il était contemporain et qu'il devait être nécessairement mieux informé.

L'acte que je publie doit mettre fin à toutes ces incertitudes. On y voit en effet que cette fondation date du jeudi 5 novembre 1573, qu'elle a commencé à être exécutée le jour de Pâques de l'année 1574, que le pape l'a confirmée par une bulle le 10 novembre 1586, et qu'un nouveau réglement a été fait le 14 février 1588, sur les instances des *Présidents, Gens du Roi, et Administrateurs de l'Hôtel-Dieu de Paris*, pour supprimer plusieurs formalités, afin d'en rendre l'exécution plus facile.

REGLEMENT

POUR L'ADMINISTRATION DE LA VILLE DE NEVERS.

(1655.)

ARTICLES ACCORDEZ entre Messieurs de la Justice et Messieurs les Eschevins et Procureur du fait Commun de la ville de Nevers sur le fait de la Police de ladite ville, pour terminer entr'eux à l'amiable les prétentions qu'ils ont d'en connoître, et d'y ordonner. Pour l'omologation desquels en la Cour, il sera par eux passé Procuration, le tout sous le bon plaisir de son Altesse.

Article Premier.

Messieurs les Officiers de la Justice, et Messieurs les Eschevins, s'assembleront de huitaine en huitaine en la Salle de l'Hôtel Commun, pour délibérer et ordonner sur le fait de la Police de ladite ville. Dans laquelle assemblée Messieurs les Officiers de la Justice auront la droite, et Messieurs les Eschevins la gauche.

II.

En cette assemblée se trouveront aussi deux notables Bourgeois élûs pour Juges de Police, qui seront nommez de six mois en six mois : Et lesquels devant qu'exercer prêteront serment entre les mains de M. le Lieutenant Général, ou de celui de Messieurs de la Justice, qui présidera en son absence, et auxquels l'assignation pour ce sera posée à la Requête de Messieurs les Procureurs Général de son Altesse, et du fait Commun, et la cause audiencée par Mondit Sieur le Procureur du fait Commun.

III.

Cette assemblée se tiendra tous les Jeudis heure de huit du matin, ou les Mercredis, à deux heures de relevée, au cas qu'il se rencontrât une Fête, ou qu'il survînt quelque autre empêchement le Jeudi ; et les jugements qui seront rendus par ceux qui se trouveront audit lieu, jour et heure, vaudront comme si tous avoient été au jugement.

IV.

Dans cette assemblée, M. le Lieutenant Général prononcera en toutes affaires par avis commun, et en son absence celui des Messieurs de la Justice qui présidera.

V.

En cette assemblee les réglemens généraux concernant le poids et prix du Pain, seront concertez, résolus et ordonnez les essais lors qu'ils seront réquis par les Maîtres Boullangers, ou qu'ils seront jugez à propos. Ordonné le taux du Bled, et du pain en tems de cherté, donné les défenses d'en transporter faites, et les visites des greniers avisez pour être exécutez en présence desdits Sieurs Procureurs, ou l'un d'eux, par ceux qui se trouveront députés. Les clefs desquels greniers seront déposez au trésor de l'Hôtel Commun, et la clef du cadenas qui y sera apposé és mains du Greffier du Bailliage..

VI.

Il sera avisé en cette assemblée à la subsistance des pauvres de la ville et faux-bourgs en tems de cherté, ou de contagion, et au passage des mandians et survenans. Sans que pour ce faire préjudice au droit de l'administration de l'Hôtel-Dieu, qui appartient aux Sieurs Eschevins.

VII.

Les réglements généraux pour les taux de la chair y seront faits, les Ordonnances pour la distribution et permission d'en vendre en tems de défenses rendus sur la réquisition de Messieurs les Procureurs Général de son Altesse, et du fait Commun; la parole demeurera à M. le Procureur général de son Altesse, aprés qu'il en aura conféré avec ledit sieur Procureur du fait Commun; et où ils ne pourront demeurer d'accord, la voix de celui qui aura apporté la parole prévaudra, tant pour ce qui concerne cet article qu'autres. Les essais. lorsqu'ils seront requis par les Maîtres Bouchers, ou qu'ils seront jugez nécessaires ordonnez, lesdits Procureurs oüis. Comme aussi il y sera donné taux aux menues denrées comme Gibier, Beure et autres : et les défenses d'aller au devant d'icelle faites à la requête desdits sieurs Procureurs, la parole demeurera à M. le Procureur du fait Commun.

VIII.

Les Réglemens pour les heures des Marchez à Bled, et de ceux des menues denrées y seront faits; dans lesdits marchez mesdits sieurs de la Justice, et mesdits sieurs les Eschevins pourront intervenir pour empêcher les abus et désordres:

même pourront constituer les contrevenans aux réglements prisonniers si le cas le requiert.

IX.

Les Reglemens pour les poids et mesures y seront aussi faits, et le Maître juré estalonneur s'y trouvera. Lequel auparavant qu'exercer, prétera le serment entre les mains de M. le lieutenant général, ou de celui de Messieurs de la Justice qui presidera en son absence en l'audience du Bailliage, ou de la Chambre du Conseil.

X.

Les Reglements pour les taux des Chapeaux, Souliers, Chandelles, et autres marchandises, et denrées, y seront faits, et les essais, si aucuns sont pource jugez nécessaires, ordonnez.

XI.

Les Reglements pour mettre prix aux journées des ouvriers, et ceux concernant les Hostelliers, pour ce qu'ils peuvent prendre pour souppez, dinez, couchez, et pour cheval, y seront aussi faits, ensemble ceux pour le passage de la riviere, dans le tems qu'il est besoin d'entrer ou de sortir par batteaux.

XII.

Les Reglements pour tenir les ruës nettes et enlever les immondices, et pour les lieux ausquels elles doivent être transportées y seront pareillement faits. Ceux pour pourvoir qu'il y ait des latrines en toutes les Maisons, et pour le pavé des ruës, à la requête de M. le Procureur du fait Commun. Et les Ordonnances contre les entreprises et avances sur lesdites ruës, et places publiques : et celles pour les allignemens des maisons y seront rendus, et les permissions pour les eviers, ouvertures et fermetures de Caves, lorsqu'il sera jugé à propos, y seront donnez. Messieurs les Procureurs généraux de son Altesse, et du fait Commun oüis, Sçavoir M. le Procureur général pour l'intérêt de son Altesse, et M. le Procureur du fait Commun pour celui du public.

XIII.

Les Reglemens contre les batteurs de pavé, et ceux concernant les Masques, y seront aussi concertés, resolus et ordonnés sur les requisitions desdits sieurs Procureurs. Il sera aussi avisé aux patroüilles lorsqu'elles seront jugées nécessaires, qui seront excutées par ceux qui seront députez pour les faire.

XIV.

Les défenses contre les chartiers et charoyeurs les jours de Dimanches et Fêtes y seront faites, et les Ordonnances pour faire fermer et ouvrir les boutiques lorsqu'il est nécessaire, seront renduës sur les requisitions desdits sieurs Procureurs.

XV.

Tous lesdits Reglements et Ordonnances, et autres qui pourront être renduës en ladite assemblée, és cas desquels les Ordonnances donnent liberté aux Juges de Police d'y pourvoir, seront faites, renduës sur la requisition de M. le Procureur général de son Altesse, et sur celle de M. le Procureur du fait Commun après qu'ils en auront conféré entr'eux.

XVI.

Les Ordonnances et Reglemens qui seront faits en ladite assemblée, porteront peine de confiscation, et amende seulement : Et seront ensuite sur la requisition desdits sieurs Procureur général et Procureur du fait Commun publiées en l'audience du Bailliage, lors de laquelle publication, si MM. les Officiers de la Justice le jugent expedient, les peines contre les contravenants pourront être augmentées. Après laquelle publication en l'audience dudit Bailliage qui se fera trois jours après celle par les carrefours et places publiques, lors quelle sera ordonnée sera seulement faite.

XVII.

Les contraventions auxdits Reglemens et Ordonnances seront jugés en ladite assemblée, et pour cet effet toutes actions ramenées sur la requisition desdits sieurs Procureur général et Procureur du fait Commun, à chacun desquels il sera loisible de faire assigner les contravenans : Et pour connoître plus facilement desdites contraventions et les empêcher plus aisément, les visites ordinaires du pain, poids, et mesures, que doit faire M. le Procureur du fait Commun, seront par lui rapportees en l'assemblée de huitaine en huitaine. Les autres visites qui concernent les draps, chairs, et autres sortes de denrées faites par M. le Procureur général de son Altesse, seront pareillement rapportees à l'assemblée. Ce qui n'empêchera pas que MM. de la Justice, et Eschevins n'en puissent faire toutes-fois et quantes.

XVIII.

Lors qu'un particulier se voudra pourvoir contre un autre pour son interêt seulement en contravention audit reglement, il sera à son choix de le faire assigner, ou en l'audience du Bailliage, ou en ladite assemblée, et en ce cas lesdits sieurs Procureurs général de son Altesse, et du fait Commun, pourront intervenir si bon leur semble.

XIX.

Les instances, lesquelles seront ramenées en ladite assemblée sur les contraventions auxdits Reglements et Ordonnances, seront instruites et jugées sommairement avec MM. les Eschevins et Juges de Police. Et l'instruction lors qu'elle sera nécessaire sera faite par M. le Lieutenant Général, ou celui de MM. de la Justice qui présidera en son absence.

XX.

Il sera aussi pourvû en ladite assemblée aux monopoles des marchands de Bled, vin et autres marchandises et denrées ; pourvû néanmoins que le cas ne soit sujet à plus grande peine qu'à l'amende payable par prison, ou qui se puisse juger par une instruction sommaire.

XXI.

Si dans la suite des contraventions auxdits reglemens, ou dans la poursuite des instances, lesquelles seront ramenées dans ladite assemblée, il se présente et survient un délit outre ladite contravention, la poursuite en sera délaissée au Bailliage, si ce n'était qu'il s'agit seulement de quelque insolence faite par un particulier en ladite assemblée, ou à quelqu'un de MM. les Eschevins, Procureur du fait Commun, Juges de Police hors ladite assemblée étant dans l'exercice de leurs charges, ou de quelque rebellion faite aux Huissiers de Police étant employés pour faire exécuter lesdits reglemens. Auquel cas il y sera ordonné en ladite assemblée ; pourvû néanmoins que l'affaire se puisse juger sommairement, et qu'elle ne desire pas plus grande peine que celle de l'amende.

XXII.

Si dans une affaire civile et criminelle pendante au Bailliage, il survient quelque incident concernant lesdits Reglements et Ordonnances, il y sera poûrvu audit Bailliage ainsi qu'il sera jugé à propos. En sorte pourtant que le reglement qui interviendra, ne soit contraire aux Reglemens de Police.

XXIII.

Mondit sieur le Procureur du fait Commun dans ladite assemblée, ne pourra prendre autre qualité ni conclure pour autre, que pour l'intérêt commun.

XXIV.

Tous lesdits Reglements et Ordonnances, et tous autres actes qui seront rendus en ladite assemblée, et les jugemens de toutes confiscations et amendes qui seront adjugées à Son Altesse, seront écrits et gardés par le Greffier du Bailliage. Et si le Secrétaire de l'hôtel Commun venoit à obtenir Arrêt, pour au préjudice du Greffier du Bailliage écrire et garder les actes rendus en ladite assemblée, à cause qu'elles se tiendront en l'hôtel Commun, en ce cas il serait avisé, si pource on devrait changer le lieu de ladite assemblée, sans pource faire préjudice à l'opposition formée par Messire Léonard Jaubert, Secrétaire de l'hôtel Commun, à ce qu'aucun autre que lui soit reçû à écrire en ladite assemblée.

XXV.

Les assemblées lesquelles se convoquent en salle de l'hôtel Commun pour les affaires de la Communauté seront convoquées et tenuës par MM. les Eschevins suivant qu'il a été ci-devant pratiqué.

XXVI.

Mesdits sieurs les Eschevins continueront aussi d'ordonner du fait des armes et de la guerre, et y mettre les ordres nécessaires pour cet effet, feront battre le tambour, sonner la trompette et le tocsin, et tendre les chaisnes.

XXVII.

Messieurs les Officiers de la Justice feront aussi battre le tambour et sonner la trompette, pour la publication de leurs Ordonnances et pour l'exécution d'icelles lors qu'il en sera besoin. Lesquelles Ordonnances seront pour fait purement de Justice, sans mélange de Police.

XXVIII.

En cas d'incendie, le premier de mesdits sieurs de la Justice, et Eschevins qui en sera averti pourra faire sonner le tocsin, et en cas d'émotion populaire ils ne le feront sonner ni tendre les chaisnes qu'après en avoir conféré entr'eux et l'avoir trouvé expedient.

XXIX.

Messieurs les Eschevins donneront la permission de battre le tambour et sonner la trompette aux Officiers envoyez de par le Roi, pour faire levée de gens de Guerre, lesquels Officiers seront auparavant obligez de raporter leurs Commissions à M. le Lieutenant Général, et à mesdits sieurs les Eschevins. Lesquels feront icelles enregistrer lors qu'ils le jugeront à propos.

XXX.

Les Comediens, Empiriques, Basteleurs, et autres personnes qui veulent exposer quelque chose en public, présenteront leur requête, pour en avoir la permission, à M. le Lieutenant General, ou à celui de MM. de la Justice qui présidera en son absence. Lequel en ordonnera la communication, tant à M. le Procureur général de son Altesse qu'à M. le Procureur du fait Commun; et après qu'ils auront pris leurs conclusions sur icelles, il y sera avisé en ladite assemblée.

XXXI.

Les Ordres du Roi seront reçûs et exécutez par ceux ausquels ils seront adressés dans les ceremonies qui seront faites en conséquence. MM. de la Justice, et MM. les Eschevins y tiendront leurs rangs, et séances ordinaires és lieux lesquels ils ont coutume de se trouver.

XXXII.

Les ceremonies lesquelles se feront aux entrées des Rois, Princes, Evêques, Gouverneurs, Lieutenants de Roi, et autres seront ordonnées et exécutées ainsi qu'il a été accoûtumé ; ceux qui recevront les premiers avis desdites entrées en feront part aux autres.

XXXIII.

L'assemblée des Députez du tiers Estat de la Province, pour députer aux Etats généraux du Royaume, sera faite à l'ordinaire, en la salle de l'hôtel Commun, après qu'ils se seront présentés en la salle de l'audience du Bailliage, pardevant M. le Bailli ou M. le Lieutenant général, lesquels ordonnant ensuite les assemblées particulières de chaque corps, suivant les mandemens du Roi qui leur sont adressez; pardevant lesquels ceux qui auront été élus pour lesdits Estats généraux, se presenteront afin de prêter le serment.

XXXIV.

Les cahiers pour les Etats généraux seront dressés en la salle dudit hôtel Commun, par lesdits deputez du tiers Etat, en présence des députez pour les Etats généraux, et de MM. les Procureur général de son Altesse, et Procureur du fait Commun. Desquels cahiers il sera mis une copie au Greffe dudit Bailliage.

XXXV.

Le reglement de la Juridiction Criminelle en consequence du privilege accordé par Messeigneurs les Princes à la ville et aux habitans, sera exécuté conformément au concorde de mil six cens trois.

XXXVI.

Le droit de Bannie pour l'ouverture des vendanges, appartiendra à Messieurs les Eschevins, en consequence du privilege à eux accordé par Messeigneurs les Princes, à la charge de faire comparoir les vigniers qui seront nommez pour la garde des vignes, pardevant M. le Lieutenant général pour prêter le serment. Les prises qui seront faites dans les vignes seront ramenées dans ladite assemblée pour y être pourvû.

XXXVII.

Le gouvernement et administration de l'hôtel-Dieu de cette ville, apartiendra aussi à Messieurs les Eschevins pource qui regarde l'œconomie et reglement de ceux qui demeurent en la maison, et revenu d'icelui. Sans qu'en consequence de ce ils puissent juger d'aucuns differens à la contentieuse qui se pourront présenter pour le fait de ladite administration, ou pour autre intérêt dudit Hôpital. Lesquels differens seront ramenez et poursuivis en l'audience dudit Bailliage. La prétation du serment des Recteurs et Secrétaire, se fera pardevant mesdits sieurs les Eschevins.

XXXVIII.

Messieurs les Eschevins, et Procureur du fait Commun, pourront en flagrant delit constituer les delinquans prisonniers, à la charge d'en donner avis à Monsieur le Lieutenant Général dans le tems de vingt-quatre heures et de rapporter pardevant lui les procès-verbaux, si aucuns ont été par eux dressez. Et ne pourront lesdits prisonniers être élargis que par ordonnance de justice, si ce n'étoit qu'ils eussent été continuez prisonniers pour quelque legere insolence commise à la personne de l'un de mesdits sieurs les Eschevins. Auquel cas il pourra être retiré des prisons le même jour, en cas qu'ils n'y eût pas d'écrou.

XXXIX.

Les privileges de la Ville, et Communauté seront entretenus et exécutez par Messieurs les Officiers de la Justice selon la teneur de la concession, à la charge de faire rapporter pardevant M. le Lieutenant Général le controle qui se fait d'année en année pour le droit de bourgeoisie dû à son Altesse, par laquelle ledit role sera vérifié en la forme ordinaire après qu'il aura été fait et arrêté par Messieurs les Eschevins, et Procureur du fait Commun.

XXXX.

Messieurs les Eschevins auparavant qu'entrer dans l'exercice de leurs charges, et devant que de la continuer après la première année finie se présenteront en l'audience du Bailliage le lendemain de leur élection ou confirmation pour y prêter serment accoutumé, entre les mains de M. le Lieutenant Général. M. le Procureur du fait Commun, et le Secretaire de l'hôtel Commun se trouveront avec Messieurs les Eschevins pour faire le même serment, et seront pour cet effet assignez à la requête de M. le Procureur général de son Altesse.

XXXXI.

Les Huissiers de Police seront nommez par MM. les Eschevins, lesquels ils feront comparoir en l'audience du Bailliage pour prêter le serment entre les mains de M. le Lieutenant général. Et jusqu'à ce qu'ils ayent fait ledit serment, ils ne pourront exercer leurs charges.

XXXXII.

En cette assemblée MM. les Avocats Généraux tiendront le rang et séance de Conseillers. Néanmoins si le Procureur général étoit absent, l'un de mesdits sieurs les Avocats généraux fera la même fonction que M. le Procureur général feroit présent. Comme aussi si M. le Procureur du fait Commun étoit absent, son substitut fera les mêmes fonctions comme il feroit présent.

FAIT et arrêté par Nous Officiers généraux du Bailliage et Pairie de Nivernois, et Eschevins, et Procureur du fait Commun de la Ville de Nevers, en conséquence du resultat du Conseil de Ville, à Nevers, le vingt-troisiéme jour du mois de may mil six cens cinquante-cinq: Et ont été les présentes faites doubles. Ainsi signez BOLACRE, MAULNORRY, RAPINE, DESCOLONS, GOUSSOT, ROUX, BERGERON, ARBELAT, RAPINE, PANSSERON, PINET, SALLONNYER. APPOINTÉ est, que la COUR, oüi sur ce le Procureur Général du Roi, a Omologué, et Omologue les Articles accordez entre les parties ledit jour vingt-troisième May dernier pour le fait de la Police de ladite Ville de Nevers, pour être exécutés selon leur forme et teneur. FAIT en Parlement le dix-huitiéme jour de Juin mil six cens cinquante-cinq.

CONTRAT DE VENTE

DES DUCHÉS DE NIVERNOIS ET DONZIOIS,

ACQUIS PAR MONSEIGNEUR LE CARDINAL MAZARINI,

Le 11 juillet 1659.

Pardevant Guillaume le Roux et François le Fouyn, notaires, gardenotes du Roy nostre Sire en son Chastelet de Paris, soussignez : Fut présent très-illustre Seigneur Baltazard, Comte de Saint-Nazare, Conseiller Secretaire d'Estat de son Altesse Serenissime Charles II, Duc de Mantouë, de Montferrat, de Nivernois et de Donziois, Pair de France, Prince souverain d'Arches et de Charleville, fondé de sa procuration generale et speciale, à l'effet des presentes. . . . .
. . . .

Disant, ledit Seigneur Comte audit nom, que son Altesse Serenissime de Mantouë ayant bonne connoissance de l'estat de ses affaires en France, et qu'elle est redeuable de notables sommes de deniers enuers plusieurs creanciers y demeurans, pour raison dequoy les Duchez de Niuernois et Donziois, et d'autres terres à elle appartenant, situées en ce Royaume, ont été saisies réellement dès l'année mil six cens quarante-neuf, à la requeste d'aucuns creanciers y nommez : Que son Altesse Serenissime en ayant interjeté appel, est interuenu Arrest le deuxiesme Auril mil six cens cinquante, auec les saisissants, et quelques-vns desdits creanciers, portant que sur l'appel les parties auroient audiance au premier jour, et cependant que les Baux seroient faits et les fruicts perceus ainsi qu'il est contenu audit Arrest, lequel a esté déclaré commun auec d'autres creanciers, le vnziesme desdits mois et an, sur la Requeste de sadite Altesse Serenissime de Mantouë, laquelle voyant que les creanciers continüoient leurs poursuites sur lesdites saisies réelles, y forma opposition, dont elle fut deboutée par Arrest du septiesme Septembre ensuiuant; et par Arrest contradictoire donné en l'Audiance, le troisiesme Aoust mil six cens cinquante-vn, lesdites saisies furent confirmées sur l'appel que la Serenissime Reyne de Pologne, et Madame la Princesse Palatine sa sœur en auroient interjeté, pretendant qu'elles auoient esté faites, *super non domino*, lequel Arrest en confirmant lesdites saisies réelles a maintenu son Altesse Serenissime en la proprieté et possession des biens de France, ainsi qu'elle y auoit esté desja maintenu par Arrest du Conseil du septiesme Nouembre mil six cens quarante-cinq. Son Altesse Serenissime s'estant veu propriétaire incommutable, creut deslors qu'il estoit plus à propos de vendre ses biens par des Contracts, pour acquitter ses creanciers, que non pas d'en souffrir les poursuites, ventes et adjudication par Decret; En execution dequoy plusieurs ont esté vendus auparauant et depuis ledit Arrest du troisiesme Aoust mil six cens cinquante-vn, et lesdits deniers distribuez aux creanciers plus anciens ou priuilegiez; Mais d'autant qu'il y a encore des saisissans et opposans à payer, le sieur Cantariny, qui est vn desdits saisissans, tant pour luy que pour le sieur Serantony, ci-deuant son associé, estant creancier en vertu du Contract de Mariage de la Serenissime Reyne de Pologne, et du transport à luy fait en consequence, le vingt-sixiesme Septembre mil six cens qurante-cinq, a obtenu Arrest le septiesme Septembre mil six cens cinquante-sept, par lequel il est ordonné que les poursuittes et criées sur lesdites saisies de l'année mil six cens quarante-neuf, seroient continuées à sa requeste. Son Altesse Serenissime pour empescher les poursuittes s'est encore opposée à l'execution de cet Arrest, en vertu duquel ledit sieur Cantariny en son nom, a fait proceder par nouuelles saisies réelles et establissement de Commissaire sur lesdits Duchez et Pairie de Niuernois et Donziois, appartenances et dépendances, les quinze et vingt-deuxiesme jours du mois de Decembre audit an, en confortant et corroborant celles faites en l'année 1649, desquelles saisies Monsieur le Duc Donano, en qualité de créancier de son Altesse Serenissime, a interjetté appel par acte du dernier jour desdits mois et an, et sadite Altesse Serenissime se seroit aussi portée pour appellant d'icelles. Sur toutes lesquelles appellations et oppositions, et sur les conclusions de Monsieur l'Aduocat general, Arrest contradictoire a esté rendu en la Chambre de l'Edict, le vingt-neufiesme Mars dernier passé entre sadite Altesse Serenissime de Mantouë, ledit Seigneur Cardinal Duc, ledit sieur Cantariny, Maistre André le Grand, et autres y nommez, par lequel Son Eminence et ledit sieur le Grand sont receus parties interuenantes, et sur les appellations et oppositions, les parties hors de cour et de procez; de maniere que lesdites saisies et criées, ausquelles il y a desja quantité d'opposans, alloient prendre traict, ce que son Altesse Serenissime a grand interest d'empescher par quantité de considerations, et entr'autres que lesdits Duchez et Pairie sont terres de grand prix, de haute dignité et de plusieurs dependances : Que durant la libre joüissance d'icelles, elles ne produisent pas vn reuenu à proportion des interests des sommes deuës ausdits creanciers : Que pendant les saisies et criées elles produiroient beaucoup moins, veu que les reuenus diminuënt, et les biens deperissent;

Que d'ailleurs on ne trouue pas aux adjudications par Decret des encherisseurs qui portent les choses à leur juste valeur, comme par conuentions volontaires, et principalement pour des pieces de si grand prix et si importantes, joint l'excez des frais ordinaires et extraordinaires, les vns et les autres estans à la charge du saisi, quoy que l'Adjudicataire soit tenu des frais ordinaires : Que les droits de consignation emporteroient vne somme tres-notable, outre que les deniers sont oisifs pendant l'ordre, et cependant les interests ne laissent de courir sur la partie saisie, le nombre des contestations qui se forment dans la poursuitte du Decret et en l'instance d'ordre, plusieurs autres inconueniens qui peuuent arriuer, et principalement d'vne adjudication de somme considerable : Qu'outre ces considerations generales, il y en avoit de particulieres tres-considerables, c'est à sçauoir, que depuis les saisies réelles de ladite année mil six cens quarante-neuf, son Altesse Serenissime de Mantouë a fait plusieurs ventes, et allienations, et mesme dans l'étenduë des Duchez de Niuernois et Donziois, et des dependances d'iceux ; en sorte que si le Decret estoit poursuiuy, apres que les saisies réelles ont esté confirmées par ledit Arrest du vingt-neuf Mars dernier, tout ce qui a esté fait, vendu ou allié par son Altesse Serenissime de Mantouë, ou en vertu de ses procurations, depuis le mois d'Octobre mil six cens quarante-neuf, seroit declaré nul, comme fait au prejudice desdites saisies réelles, et en ce faisant son Altesse Serenissime de Mantouë seroit tenuë en acquitter et indemniser les acquereurs, ce qui monteroit à des sommes tres-notables : c'est pourquoy son Altesse Serenissime estant suffisamment informée de tous ces inconueniens, pertes et dommages, et voulant les esuiter, auroit envoyé ledit Seigneur Comte comparant en ce Royaume, auec la procuration generale cy-dessus*, lequel depuis qu'il y est arriué, y a fait discuter toutes les choses pour le plus grand aduantage de son Altesse Serenissime et a examiné toutes les offres qui ont esté

* La procuration est jointe à l'acte; elle est écrite en latin, et signée *Io. Steph. Peronnus*, avec paraphe et cachet aux armes du duc de Mantoue. J'ai cru inutile de la transcrire.

faites pour paruenir ausdites ventes volontaires, n'ayant point trouué d'offres plus aduantageuses que celles faites par ledit Cardinal Duc; les offres et conditions proposées de part et d'autre, ayant esté veuës au Conseil de son Altesse Serenissime, le fonds et le revenu desdits Duchez de Niuernois et Donziois, leurs dependances et l'estat auquel ils sont à present, et qu'ils continuëroient cy-apres, ayant esté considerez, les personnes qui ont vne plus particuliere connoissances desdits Duchez estans en cette ville, et ayans entendu les memoires baillez et diuerses conferences faites, ledit Conseil de son Altesse Serenissime et dudit Seigneur Cardinal Duc s'estans assemblez, apres que le tout a esté meurement, amplement et souuent deliberé, et resolu, les reflections requises et necessaires y ayant esté faites de toutes parts,

A ledit Seigneur Comte de Saint-Nazare, reconnu et confessé auoir vendu, ceddé, quitté, transporté et délaissé, et par ces presentes, il vend, cedde, quitte, transporte, et délaisse dés maintenant, à tousjours, promis et promet audit nom garantir, déliurer et deffendre enuers et contre tous, de tous troubles, actions, dons, doüaires, euictions, substitutions, hypotheques et autres empeschemens generallement quelsconques : A tres-Illustre et Eminentissime Monseigneur IVLLES CARDINAL MAZARINI, Duc de Mayenne, Pair de France, absent et acceptant pour son Eminence, ses Heritiers, ou ayans cause à l'aduenir : Messire Jean Baptiste Colbert, Cheualier, Baron de Seignelay, Conseiller du Roy ordinaire en ses Conseils d'Estat et Priué, et direction de ses Finances, Intendant general des Maison et affaires dudit Seigneur Cardinal, demeurant à Paris, ruë Neufue des Petits Champs, Paroisse Saint Eustache, pour ce présent, et comparant, comme ayant de son Eminence charge et pouuoir, en vertu de ses Procurations generales et speciales, pour faire ce qui ensuit, passées pardeuant le Vasseur et le Fouyn, l'vn des Notaires sous-signez, les vingt-septiesme Mars et quatorziesme Decembre mil six cens cinquante-quatre, desquelles il y a minuttes vers ledit le Fouyn Notaire.

C'EST à sçauoir les terres, Duchez et Pairies de Niuernois et et Donziois, leurs annexes, appartenances et dependances, auec les Baronies, Chastelenies, terres et Seigneuries qui y sont ou peuuent estre jointes ou vnies, soit par Lettres du Roy, par acquisition, reünion, puissance de Fief, ou mesmes par Baux, recepte ou autrement dans les enclaues ou estenduës desdits Duchez et Pairies de Niuernois et Donziois, encore qu'ils n'y fussent vnis et annexez, consistants en Villes, Bourgs, Villages, Parroisses, Hameaux, Fermes, Censes, Metairies, Baux à cens, Chasteaux, Bastiments, Iardins, Parcs, Prez, Clostures, Bois de haute futaye, taillis, Saulsayes, Garennes, Fuyes, Colombiers, Moulins à vent et à eauë, Fours et Pressoirs bannaux et non bannaux, Estangs, Riuieres, eauës viues et mortes, Terres labourables, Vignes, Prés, Pastures communes, rentes Seigneuriales, Feodales et Foncieres, cens, dixmes, champars, terrages, bordelages, cheptels, et tous autres heritages, domaines et droicts generalement quelsconques, de quelque nature et qualité qu'ils soient ou puissent estre, tant en fief que roture, et Franc-aleu Noble et roturier, auec tous les droicts de Iustices de Duché et Pairie de Chambre des Comptes, Iustices des Eauës et Forests, Hautes, Moyennes et Basses Iustices, et ceux des Fiefs, Mouuances, Reliefs, censives, arrière-Fiefs, Vassaux, arrière-Vassaux, sans aucune exception ny reserue, encore que tous les droicts, heritages et domaines ne soient icy exprimez ou specifiez, mesmes les droicts de nomination, presentation, collation, et toute autre disposition de Benefices et Offices, droicts de Patronages et droits Honorifiques, droicts de Fondations et autres en l'étendue desdits Duchez, Pairies et dependances d'icelles, et encore les droicts de nomination, droicts annuels de resignation, de vacance par mort ou autrement des Officiers Royaux accordez par Lettres-Patentes du Roy à sadite Altesse Serenissime de Mantouë et à ses Predecesseurs dans lesdits Duchez et Pairies, appartenances et dependances, ainsi que sadite Altesse de Mantouë et ses Predecesseurs en ont jouy, ou peu jouyr en consequence desdites Lettres, droicts d'Aubeyne, desherances, confiscations, seruitudes personnelles et réelles, tailles, poursuittes, mainmortes et autres;

Pour de tout, jouïr, faire, ordonner et disposer par son Eminence, sesdits Heritiers ou ayans cause à l'aduenir comme de chose leur appartenant, vray et loyal acquest, à commencer ladite jouissance du premier jour du present mois de Iuillet, en telle sorte que les fruicts et reuenus de la presente année seront perceus, et partagez entre son Altesse Serenissime et son Eminence par moitié en quelque temps que les redeuances en soient escheuës, ou puissent escheoir.

Pourra son Altesse Serenissime faire retirer les meubles meublans, si aucun y a, dans les Chasteaux de Neuers et de Dezize, ensemble les Canons, Boulets et munitions d'Artillerie, si aucuns se trouuent encore au Chasteau de Dezize, outre ceux qui en ont esté cy-deuant enlevez par l'ordre de son Altesse Serenissime, comme n'estans lesdits meubles meublans, ny lesdits Canons, et munitions desja enleuez dudit Chasteau de Dezize ny ceux qui y peuuent estre encore, compris en la presente vente.

Lesdites terres, Duchez et Pairies de Niuernois et Donziois, circonstances et dependances à sadite Altesse Serenissime de Mantouë appartenant par le deceds de deffunt Monseigneur Charles premier, Duc de Mantouë son ayeul, en la possession des biens duquel sadite Altesse Serenissime a esté maintenuë, tant par Arrest du Conseil de sa Majesté du septiesme iour de Nouembre mil six cens quarante-cinq, que par Arrest du Parlement du troisiesme Aoust mil six cens cinquante-vn; desquels Arrests ledit Seigneur Cardinal a eu communication.

Declarant ledit Seigneur Comte, audit nom que desdites terres, Duchez et Pairies de Niuernois et Donziois, son Altesse Serenissime de Mantouë n'en a vendu, allièné, ny engagé depuis le deceds dudit Seigneur Duc de Mantouë son ayeul, sinon les terres de Bouhy et Sampuy venduës en l'année mil six cens quarante-huit au sieur de Chanterayne, la terre de Sauigny en la mesme année à Monsieur de Saint André Montbrun, la terre de Suryonne au sieur de Granry, la terre des Fourneaux à monsieur de la Tuillerie, la Iustice de Nolay à monsieur Foullé Maistre des Requestes, la Baronie de la Ferté Chaudron au sieur Cochet, la Seigneurie de Dornecy à present possedée par

Madame la Princesse Palatine, vingt-huict à trente liures de directes à Monsieur Maulnory Maistre des Requestes, comme Prieur du Prieuré de saint Estienne dudit Neuers, le Greffe de Donzy donné à Maistre Claude Millelot et à Millelot son fils pour en joüir leurs vies durant, les droicts Honorifiques en la terre de la Baratte, auec vne remise de dix liures cinq sols de cens sur le Domaine de grand Gibault, concedé au sieur Bergeron ; lesdites ventes et allienations faites aucunes auparauant, et les autres depuis lesdites saisies réelles de mil six cens quarante-neuf. Contre toutes lesquelles ventes et autres qui pourroient auoir esté faites auparauant et contre tous eschanges, et autres actes portant allienation, dont sera fourny vn estat véritable par son Altesse Serenissime dans vn mois prochain, auquel estat ne seront employées aucunes allienations faites depuis le premier Ianuier mil six cens cinquante-huict, si aucunes y a, ledit Seigneur Cardinal Duc se pourra pouruoeir ainsi qu'il aduisera bon estre, soit pour y rentrer en vertu des droicts de son Altesse Serenissime, soit pour faire casser lesdites ventes, allienations et eschanges, par voye de nullité ou minorité de son Altesse Serenissime, par celle de la lezion, ou comme lesdites terres faisant partie desdits Duchez et Pairies, dont elles ont esté démembrées, ou parce qu'elles ont esté faites depuis lesdites saisies réelles ou autrement ; Et en outre pourra son Eminence contester, si bon luy semble, toutes prouisions et suruiuances d'Officiers desdits Duchez de Niuernois et Donziois, leurs dependances et annexes de quelque qualité qu'ils soient et à quelque tiltre qu'ils ayaient esté pourueus, soit pour recompense de seruice ou aultre tiltre onereux, ou autrement.

Plus ledit Seigneur Comte de saint Nazard audit nom, cedde, quitte et transporte audit Seigneur Cardinal Duc, ledit sieur Colbert, audit nom, ce acceptant comme dessus, tous les droicts rescindans et recisoires, et autres quelsconques qui peuuent ou pourroient appartenir à sadite Altesse Serenissime de Mantouë, contre quelques personnes que ce puisse estre, ensemble tous droicts de faculté de remeré et de rachaps conuentionnels ou feodaux, profits de fiefs, confiscations, dommages et interests pour abus, maluersations, degradations, forcouppes, mes-vs, vsurpations, entreprises, negligences ou autrement contre les fermiers, vsurpateurs, et autres de quelque qualité et condition qu'ils soient, depuis le mois de Ianvier mil six cens quarante-six jusques à huy, attendu qu'audit temps il y en a eu cession et transport, fait par son Altesse Serenissime de Mantouë ou par son ordre pour les tems precedents.

Declarant ledit Seigneur Comte audit nom qu'il y a eu vente faite au sieur Gorget de quelques couppes de Bois dependants desdits Duchez, partie desquelles restent à exploiter, comme aussi que les Officiers de ladite Chambre des Comptes de Neuers ont prorogé au fermier de la Chastellenie d'Antrain, le Bail de ladite Chastellenie pour six années dont en reste quatre ou cinq à expirer.

Plus qu'il y a Bail fait des parties casuelles, ou profits de Fiefs desdits Duchez de Niuernois et Donziois à plusieurs particuliers, dont iceluy Seigneur Comte n'a pû faire plus precise declaration. Pour aussi de tout en vser, faire et disposer par ledit Seigneur Cardinal Duc, sesdits heritiers ou ayans cause, comme de chose leur appartenant, a esté expressement stipulé que son Altesse Serenissime de Mantouë ne sera garante du tiltre et dignité de Duché de Donziois, ny des droicts cy-deuant en particulier exprimez, ny des actions rescindans et rescisoires et autres cy-dessus cedez, ny des actions que ledit Seigneur Cardinal Duc pourroit intenter, soit contre les acquereurs ou detempteurs des heritages, domaines et droicts dependans ou faisant partie desdits Duchez, circonstances et dependances, soit contre les Officiers, Fermiers ou autres : Mais que toutes lesdites actions et poursuittes seront aux risques, perils et fortunes d'iceluy Seigneur Cardinal Duc, ses heritiers ou ayans cause qui seront tenus en garantir et indemniser son Altesse Serenissime de Mantouë, et mesmes des remboursements, si aucuns sont à faire en principal, interests ou despens, pour raison desdites poursuittes soit aux detempteurs, Officiers ou autres, à cause de ce, sans que son Altesse Serenissime en soit ou puisse estre directement ou indirectement tenuë, encore qu'elle en ait receu ou touché les deniers auparauant ou apres lesdites saisies réelles, sans neantmoins que la presente clause de garantie et indemnité puisse empescher ledit Seigneur Cardinal, sesdits heritiers ou ayans cause de se pouruoir contre lesdits acquereurs, detempteurs ou Officiers, ny autres telles personnes qu'ils aduiseront, ny leur être opposée pour fins de non receuoir, ny autrement, ny estre tirée à consequence, ladite promesse d'indemnité n'ayant esté faite qu'à l'égard de son Altesse Serenissime de Mantoue, et non pas que les acquereurs, detempteurs, Officiers ou fermiers s'en puissent preualoir en quelque sorte et manière que ce soit, sans laquelle condition son Eminence n'auroit point promis d'acquitter sadite Altesse Serenissime de Mantoue, et principalement de ce qui a esté vendu, alliené, eschangé, donné ou affermé depuis lesdites saisies réelles, jusques audit jour premier Ianvier mil six cens cinquante-huit.

Lesdites terres, Duchez et Pairies de Niuernois, et Donziois, leurs appartenances et dependances et annexes mouuans et relevans du Roy nostre Sire, à la reserue seulement de la Baronie de saint Vrain, qui releue de la Seigneurie temporelle de l'Euesché d'Auxerre et de Donzy, de la mouuance duquel Monsieur l'Euesque d'Auxerre pretend auoir tiltre, et chargez enuers sa Maiesté et ledit Seigneur Euesque d'Auxerre, à cause dudit Euesché, pour lesdites Baronies de saint Verain et autres, s'il en a tiltre.

Plus le Peage de Mesues enuers le sieur d'Hery, dont il est mouuant, de tels droicts et deuoirs que se peut deuoir, que les parties n'ont quant à present peu dire ne declarer, de ce enquises pour satisfaire à l'Ordonnance : Et encores chargez des dons fieffez, aumosnes, fondations, mariages de filles, dont lesdits Duchez et Pairies, et leurs dependances peuuent estre tenus par chacun an, aux termes de la fondation faite par Messire Ludouic de Gonzagues et Dame Henriette de Cleues son Espouse, Duc et Duchesse de Neuers, suivant le Contract du quatorziesme jour de Feburier mil cinq cens quatre-vingt-huict, dont le Conseil dudit Seigneur Cardinal Duc a eu communication.

Plus des autres charges et rentes foncieres ordinaires et accoustumées estre payées par les fermiers, ou sous fermiers, outre le prix de leurs Baux, et encores des pensions viageres anciennes, et de celles dont les receueurs, fermiers ou sousfermiers, ont payé les arrerages auparauant les années mil six cens cinquante-sept et mil six cens cinquante-huict, et dont la creation et payement desdits arrerages seront justifiez par pieces authentiques et quittances valables.

Lesdits Duchez et Pairies, appartenances et dependances d'iceux francs et quittes desdits droicts et deuoirs, dons fieffez, aumosnes, fondations, mariages, et autres charges de tout le passé, jusques audit jour premier jour des présent mois et an.

Cette vente, cessions, transports, delaissemens et subrogations ainsi faites à la charge desdits droicts et deuoirs seigneuriaux, feodaux et charges susdites seulement. Et outre moyennant la somme de dix-huit cens mille liures tournois, francs deniers à son Altesse Serenissime de Mantoüe, sur laquelle somme a esté conuenu que son Eminence en retiendra les sommes qui ensuiuent, sçauoir neuf cens mille liures tournois en principal d'vne part, payées par lesdits sieurs Cantariny, Serantony et autres leurs ayans cause à la Reyne de Pologne, sur et tant moins de la dot à elle promise par son Contract de Mariage dudit jour vingt-cinq Septembre mil six cens quarante-cinq, et six cens dix-neuf mille trois cens soixante et quinze liures pour treize années neuf mois cinq jours de profits et interests de iadite somme de neuf cens mille liures, à raison du denier vingt, suiuant l'Arrest du Conseil du sept Nouembre audit an mil six cens quarante-cinq, à l'égard de sadite Altesse Serenissime de Mantoüe, les interests deus et escheus depuis ledit jour vingt-cinq Septembre audit an, date dudit Contract de Mariage et du transport de ladite Dame Reyne de Pologne jusques audit jour premier desdits presens mois et an, et par ce moyen sadite Altesse Serenissime de Mantoüe demeure entièrement quitte et déchargée dudit principal et interests, soit enuers son Eminence pour ce qu'il luy en peut estre deub de son chef, comme ayant droict par déclaration et transports faits à son profit par ledit sieur Cantariny, faisant tant pour luy que pour le sieur Serantony, de Maistre Barthelemy Heruart Cheualier Seigneur du haut et bas Lantzeon Controlleur general des Finances de France, et des sieurs Cenamy frères, qui estoient aussi pour partie de ladite somme principale, et interests aux droicts desdicts sieurs Cantariny et Serantony en consequence d'autres declarations faites à leur profit de diuerses sommes à prendre esdits neuf cens mille liures et interests. Comme aussi demeure sadite Altesse Serenissime quitte et dechargée enuers ledit Maistre André le Grand cessionnaire de la somme de trois cens vingt-huict mille six cens quatre-vingts liures, faisant partie desdits neuf cens mille liures et interests, et tous autres qui peuuent auoir ou pretendre aucune chose en ladite somme et interests, dont son Eminence sera tenuë, ainsi que ledit sieur Colbert audit nom, promet et s'oblige acquitter sadite Altesse Serenissime de Mantouë, en sorte qu'il ne luy en soit plus rien demandé, mesmes de luy en rapporter et fournir quittances et descharges valables au fur et à mesure que lesdits payements seront faits, auec main-leuée des saisies et Arrests qui ont esté faits sur lesdits sieurs Cantariny, Serantony et Cenamy, ès-mains de sadite Altesse de Mantouë, qui sera tenuë ainsi que ledit Seigneur Comte, audit nom, a promis de fournir à son Eminence d'huy en vn mois prochain, vn estat general et exact desdites saisies et Arrests et signification de transports faits par et sur lesdits sieurs Cantariny, Serantony et Cenamy, et a ledit sieur Colbert, pour son Eminence, protesté de repeter contre la Serenissime Reyne de Pologne, et sur ses biens et effects, l'interest de ladite somme de neuf cens mille liures, à raison du denier dix-huict, attendu que l'interest au denier vingt n'est fixé sur ce pied qu'entre elle et sadite Altesse Serenissime de Mantouë, et non pas à l'esgard dudit sieur Cantariny et ses ayans cause, qui soutiennent deuoir estre payés desdits interests à ladite raison du denier dix-huict, suiuant l'Ordonnance. Plus retiendra ledit Seigneur Cardinal Duc la somme de quinze mille liures à laquelle ont esté liquidez entre les parties, par l'aduis de leurs Procureurs, tous les frais et despens, tant desdites saisies réelles, criées, que bail judiciaire desdits Duchez de Neuers et Donziois, en ce compris ceux faits par le Commissaire general des saisies réelles, dont sadite Altesse Serenissime sera acquittée par son Eminence, pour le regard desdits Duchez de Niuernois et Donziois seulement. Comme aussi est compris en ladite somme les frais de saisie réelle du Duché de Rethelois, pour ce que ledit sieur Cantariny en pourrait prétendre et demander. Plus retiendra encores ledit Seigneur Cardinal Duc, la somme de quinze mil liures qui luy est deuë par sadite Altesse Serenissime de Mantouë, pour les causes portées en l'obligation faite au profit de son Eminence par Maistre François Bellinzani, comme ayant charge de sadite Altesse Serenissime de Mantouë, passée pardeuant lesdits le Vasseur et le Fouyn Notaires, le 29 Decembre 1656, ratifiée par sadite Altesse à Mantouë, le 24 Ianuier 1657, laquelle obligation partant demeure solute et acquittée et neantmoins la grosse d'icelle est demeurée ès mains dudit sieur Colbert, audit nom, pour luy seruir d'hypoteque seulement, consentant que des presentes, mention soit faite sur ladite grosse et breuet en vertu d'icelles, sans que sa presence y soit requise, et le surplus de ladite somme de dixhuict cens mil liures tournois, les sommes cy-dessus precomptées et desduites, montans a la somme de deux cens cinquante mil six cens vingt cinq liures tournois, ledit sieur Colbert audit nom, pour son Eminence a promis, promet bailler et payer ladite somme en l'acquit et décharge de sadite Altesse Serenissime de Mantouë aux plus anciens creanciers dudit Seigneur Duc de Mantouë, suiuant l'estat qui en sera fourny par ledit Seigneur Comte audit nom, ou autrement, ayant de ce pouuoir et charge de sadite Altesse Serenissime de Mantouë, dans vn an prochain venant, lequel estat sera certifié véritable et que ceux qui y seront employez, seront les plus anciens creanciers hipotequaires, ou priuillegiez de la succession de Mantouë pendant lequel temps d'vn an seulement, à compter de cedit jour, ledit Seigneur Cardinal Duc payera le profit et interests à ladite raison du denier vingt de ladite somme de deux cens cinquante mil six cens vingt cinq liures restante, sans que durant ledit temps ledit Seigneur Cardinal Duc puisse consigner ladite somme restante, sous quelque prétexte que ce soit, ny estre deschargé desdits interests qui auront cours pendant ledit temps d'vn an, qui eschera le vnziesme jour de Iuillet de l'année prochaine 1660. Et en cas que ledit estat ne soit point fourny, et deliuré de la part de son Altesse Serenissime de Mantouë, dans ledit temps d'vn an prochain, ledit Seigneur Cardinal duc demeurera dès le lendemain 12 Iuillet audit an 1660 deschargé desdits interests sans qu'il soit besoin de faire aucunes offres, sommations, interpellations, poursuittes ny demandes, pour raison de ce, encore que les deniers demeurassent entre ses mains et qu'il jouisse et soit en possession actuelle desdites choses venduës et des fruicts et reuenus d'icelles, et sans que la presente clause puisse estre censée comminatoire, ny mesme que les creanciers de son Altesse Serenissime puissent demander la continuation, ou payement desdits interests, pour le tout ou partie dudit restant, apres ledit jour 12 Iuillet 1660 escheu, pour quelque cause ou pretexte que ce soit, ou puisse estre, jusques au jour que ledit estat sera actuellement déliuré à son Emminence, qui ne sera tenu, apres ledit an, de garder ladite somme entre ses mains, si bon ne luy semble. Cette clause faisant partie du prix cy-dessus accordé, et sans laquelle ledit Seigneur Cardinal, qui a tous ses deniers prests, ne les auroit point voulu garder, ny s'obliger et assujettir au payement desdits interests, pendant ledit temps d'vn an. A esté aussi expressement conuenu que ladite somme de deux cens cinquante mil six cens vingt-cinq liures, restante desdits dix-huict cens mil liures, sera aussi payée par ledit Seigneur Cardinal Duc, nonobstant toutes saisies, Arrests ou autres empeschements d'autres creanciers posterieurs hypotequaires, ou des creanciers chirographaires, non compris audit estat, et que neantmoins son Eminence ne sera point tenuë de payer, si les saisies, arrests ou empeschemens, procedoient de personnes qui se pretendissent ou plus anciens creanciers, ou creanciers priuilegiez et esdits cas, preferance ou concurrance auec les creanciers qui seront nommez audit estat. Et sera tenu ledit Seigneur Comte audit nom, comme il promet et s'oblige de faire vuider et terminer à la diligence, frais et despens de son Altesse Serenissime, lesdites pretentions et preferance, ou concurrence dès aussi-tost qu'elles luy auront esté denoncées au domicile esleu par le present Contract. Et cependant pourra ledit Seigneur Cardinal Duc retenir en ses mains ou consigner aux risques, perils et fortunes de qui il appartiendra, les sommes pour lesquelles lesdites saisies ou Arrests, ou autres empeschemens auront esté faits entre ses mains jusques à concurrence de ladite somme restante, sans qu'il doiue ny puisse deuoir aussi aucuns interests desdites sommes estant pareillement cette condition vne clause essentielle dudit present Contract et du prix d'iceluy.

Sera ledit Seigneur Cardinal Duc subrogé, ainsi que dès à present ledit Seigneur Comte audit nom, le consent et accorde en tous les droicts, actions, priuileges et hypoteques des creanciers qui seront compris dans ledit estat, et de ceux ausquels le payement sera fait de partie desdits neuf cens mil liures en principal, et des interests cy-deuant declarez. Et pour plus grande seureté, tant desdites subrogations que de la presente acquisition, les lettres, tiltres et Contracts des creanciers, qui seront payez par son Eminence, les premieres expeditions des quittances, les declarations et transports faits au profit dudit Seigneur Cardinal Duc, par lesdits sieurs Cantariny, Heruart, et Cenamy passez, sçauoir la declaration dudit sieur Cantariny, pardeuant lesdits le Vasseur et le Fouyn Notaires, le 22 Auril 1654 celle dudit sieur Cenamy au profit dudit sieur Heruart pardeuant Morel et de Beaufort aussi Notaires estant en original du 6 Aoust 1650. Et les transports faits par ledit sieur Heruart à son Eminence, passez pardeuant lesdits le Vasseur et le Fouyn Notaires, le 26 Iuillet de ladite année 1654 auec les pieces enoncées par iceux demeureront entre les mains de son Eminence, qui sera tenuë fournir à son Altesse Serenissime, des coppies deuëment collationnées aux originaux desdites quittances, mesme l'aydera des originaux et des Contracts et tiltres qui seront mentionnez par icelles, si besoin est cy-apres.

Et encores pour la plus grande seureté à son Eminence, sés

heritiers ou ayans cause de ladite presente vente et acquisition desdits Duchez de Neuers, et Donziois, leurs appartenances et dependances : A esté aussi stipulé et expressément conuenu que ledit Seigneur Cardinal Duc en pourra continuer le decret, vente et adjudication sur lesdites saisies réelles, susdattées ou sur l'vne d'icelles, ou faire proceder par nouuelles saisies ou establissement de Commissaires sur luy comme acquereur, ou sur son Altesse Serenissime de Mantouë et s'en rendre Adjudicataire, pour tel prix, charges et conditions que bon luy semblera, à la charge toutesfois que le prix ny les conuentions dudit present Contract, ne pourront estre augmentées ou diminuées, nonobstant que l'adjudication fust à plus grand ou moindre prix : Et si audit decret il interuient quelques oppositions afin de distraire à charge, ou autrement, non procedante du fait dudit Seigneur Cardinal Duc, ledit Seigneur Comte audit nom, promet les faire leuer, cesser et oster, incontinent apres que lesdites oppositions auront esté denoncées à sadite Altesse Serenissime audit domicile cy apres esleu, et mesme s'il estoit besoin de consigner à cause desdites oppositions de faire ladite consignation du prix porté par ladite Adjudication et en payer tous les droicts en l'acquit et décharge de son Eminence, sesdits heritiers ou ayans cause, auec les frais, despens, dommages et interests, et ne seruiront ledit decret, et le present Contract, que d'vne seule et mesme acquisition : transportant en outre ledit Seigneur Comte audit nom, tous droicts de propriété, dessaisissant, etc. voulant, etc. Procureur, etc. le porteur, etc. donnant pouuoir, etc. Se mettra ledit Seigneur Cardinal Duc en possession du Thresor de la Chambre des Comptes de Neuers et des autres endroits desdits Duchez et Pairies, appartenances, quand bon luy semblera, et qu'il verra bon estre, et pourra retirer de toutes personnes qu'il appartiendra, les tiltres, enseignements et toutes pieces concernans lesdits Duchez et Pairies, droicts et reuenus d'iceux, leurs dependances et annexes, promettant, ledit Seigneur Comte, audit nom, de faire desliurer de bonne foy ceux qui se trouueront estre en la possession de sadite Altesse de Mantouë, ses Officiers, domestiques ou autres, sans que son Eminence soit tenuë de payer ni débourser aucuns frais et despens pour raison de ce, et s'il en est par luy ou par son ordre payé aucuns deniers il pourra les repeter contre son Altesse Serenissime de Mantouë, toutes-fois et quantes bon luy semblera, consentant ledit sieur Colbert, entant qu'à luy est, que son Altesse Serenissime fasse retirer par telles personnes qu'il voudra, les lettres, tiltres, contracts et enseignements, si aucuns se trouuent au Thresor de ladite Chambre des Comptes de Neuers, concernant sa maison et ses autres biens et reuenus d'iceux, non concernant lesdites choses, presentement venduës et ceddées, et le Duché et Pairie de Mayenne, appartenances et dependances, à l'accomplissement et entretenement, de toutes lesquelles clauses, charges et conditions, lesdites parties esdits noms s'obligent respectiuement, et à ce y affectent et hypothequent tous et chacuns leurs biens quelsconques, presens et à venir, mesmes au payement et acquittement des sommes principales et interests de ce qui reste dudit prix principal de la presente vente, lesdits Duchez, Pairies et autres choses presentement vendues, ceddées et transportées sont et demeurent par priuilege et hypotheque special, affectez, obligez et hypotequez, sans que l'vne des obligations déroge ny prejudicite l'vne à l'autre, et pour plus grande asseurance a sadite Altesse Serenissime de Mantouë, ledit sieur Colbert audit nom, a promis et promet faire ratifier, confirmer et approuuer le present Contract, par ledit Seigneur Cardinal Duc, ce faisant, le faire d'abondant obliger enuers sadite Altesse Serenissime à l'execution, entretenement et entier accomplissement d'iceluy, et de ce en fournir l'acte en bonne et deuë forme en cette ville de Paris, dans ledit temps de trois mois prochains venans, à peine de tous despens, dommages et interests, sans neantmoins que le deffaut de ladite ratification ou déliurance d'icelle, puisse innouer ny déroger au present Contract, clauses et conditions y contenuës. A voir faire ces presentes, estoit present ledit sieur Thomas Cantariny, deuant nommé, demeurant à Paris Ruë et Paroisse S. Christophle, lequel en consequence de la vente cy dessus, a par acte separé desdites presentes, ce jourd'huy passé pardeuant les

Notaires sous-signez, fait et accordé à son Altesse Serenissime de Mantouë, main-leuée pure et simple des saisies réelles, main-mises et establissement de Commissaire qui ont esté faites à sa requeste du Duché de Rethelois, ses appartenances et dependances qu'il consent estre et demeurer nulles et de nul effet, comme aussi le Bail judiciaire fait en conséquence le 21 jour de juin dernier, quittant et déchargeant, entant qu'à luy est, l'Adjudicataire nommé audit Bail judiciaire, du prix, charges et conditions d'iceluy.

Car ainsi a esté conuenu et accordé entre lesdites parties, et pour l'execution des presentes, et dependances, lesdites parties ont esleu leurs domiciles irreuocables, en cette ville de Paris, sçauoir ledit Seigneur Comte audit nom, en la maison de Maistre Iean Hay, Procureur en Parlement, scise ruë des Massons, Parroisse S. Seuerin : Et ledit sieur Colbert audit nom, en la maison où il est demeurant, sus designée, ausquels lieux etc. nonobstant etc. promettans etc. obligeans etc. chacun en droict foy esdits noms etc. renonceans etc.

FAIT et passé à Paris, en la maison dudit Seigneur Comte de saint Nazare, sus déclarée, l'an 1659; le Vendredy vnziesme jour de Iuillet auant midy.

Ensuit la teneur de la ratification de sadite Altesse Serenissime de Mantouë.

CHARLES II, Duc de Mantouë, de Montferrat et de Rethelois [*], Prince Souuerain d'Arches et de Charleuille : Veu par nous le Contract de vente des Duchez de Niuernois et Donziois, leurs annexes, appartenances et dependances, fait par le Seigneur Comte de Saint Nazare, nostre Conseiller et Secretaire d'Estat, comme fondé de nostre pouuoir et procuration speciale; à tres

---

[*] Le duché de Rethelois fut vendu plus tard par Anne de Gonzague, princesse palatine, sa sœur. On sait que c'est en l'honneur de cette princesse que Bossuet composa une de ses belles oraisons funèbres.

Illustre et Eminentissime IVLES CARDINAL MAZARINI, Duc de
Mayenne, Pair de France, moyennant la somme de dix-huict
cens mille liures tournois, monnoye de France, et outre aux
charges, clauses, conditions et stipulations portées audit Contract passé pardeuant le Roux et le Fouyn Notaires au Chastelet
de Paris le onziesme jour de Iuillet dernier passé, et apres que
lecture nous a esté à cet instant faite dudit Contract de vente,
par le Seigneur Vincent Marquis de Strigy Gonzagues nostre
Conseiller et Secretaire d'Estat, auons iceluy Contract de vente,
et tout son contenu, agreé, confirmé, ratifié et approuué,
agreons, confirmons, ratifions et approuuons, voulons et en-
tendons qu'il sorte son plein et entier effect de point en point
selon sa forme et teneur, comme s'il avait esté fait et passé par
nostre propre personne, et à l'execution et entretenement dudit
Contract, dont la coppie est cy-dessus, clauses, conditions et
stipulations y contenuës, Nous nous obligeons d'abondant en
tant que besoin est ou seroit et consentons que la presente nostre ratification soit jointe et annexée à la minute dudit Contract
de vente desdits Duchez de Niuernois et Donziois. En foi dequoy
Nous auons signé de nostre main la presente et icelle fait contresigner par ledit Seigneur Marquis de Strigy nostredit Secretaire d'Estat, et sceeller du Sceau de nos armes. A Cazal, le
premier jour de Septembre l'an de grace mil six cens cinquante-
neuf. Ainsi signé CHARLES, et STRIGIVS GONZAGA, et sceellé
du sceau des armes de son Altesse Serenissime de Mantouë.

*Ensvit la tenevr de la ratification faite par Monseigneur
l'Eminentissime Cardinal Mazarini.*

Pardeuant les Notaires Royaux au pays et Bailliage de La-
bours sous-signez, fut present Monseigneur l'Eminentissime
IVLES CARDINAL MAZARINI, Duc de Mayenne, Pair de France,
estant de present en cette ville de S. Jean de Luz audit pays,
lequel apres que lecture luy a esté faite par l'vn desdits Notaires,
en la presence de l'autre, du Contract de vente fait au profit

de son Eminence, par Illustre Seigneur Balthazard Comte de Saint Nazare, comme Procureur de son Altesse Serenissime de Mantouë, des Duchez de Niuernois et Donziois, leurs dependances et annexes, moyennant la somme de dix-huict cens mille liures tournois, et outre aux charges, clauses et conditions declarées audit Contract de vente, dont expedition est cy-dessus, A DIT et declaré auoir eu, et a ledit Contract de vente, clauses et conditions y portées agreable, le ratifie, confirme et approuue : Veut et consent qu'il sorte son plein et entier effect, selon sa forme et teneur, et à l'execution et entretenement dudit Contract, charges, clauses et conditions, s'est d'abondant obligé et oblige par ces presentes, enuers sadite Altesse Serenissime de Mantouë, approuuant l'eslection de domicile declarée par ledit Contract; Promettant, etc., obligeant, etc., renonceant, etc. Fait et passé à Saint Iean de Luz le huitiesme jour de Septembre mil six cens cinquante-neuf, dans l'Hostel dudit Seigneur Cardinal, lequel a signé ces presentes, et moy. Ainsi signé le CARDINAL MAZARINI, et DIHARCE, Notaire Royal.

FIN.

TABLE DES MATIÈRES

CONTENUES DANS CE VOLUME.

PROCÈS ENTRE LE COMTE ET LES BOURGEOIS DE NEVERS

AU SUJET DE L'ÉLECTION DES ÉCHEVINS EN 1717.

	Pages.
Introduction	1
Considérations préliminaires	1
Analyse du procès	3
Plan de cette publication	8
Ordonnance du Comte de Nevers portant cassation des Echevins et des Conseillers élus	11
Procès-verbal des Echevins et des Conseillers au sujet de leur expulsion	14
Première section de la discussion. — Justification de l'ordonnance du Comte	23
Deuxième section. — Réfutation des allégations du Comte	37
Arrêt du Conseil d'Etat du 9 novembre 1717, en faveur des Échevins	57
Troisième section. — Réplique du Comte	64
Quatrième section. — Réplique des Échevins et des Conseillers	79
Nouvelles prétentions du Comte	94
Conclusion du procès et arrêt définitif du Conseil d'État	97

CARTULAIRE DE LA COMMUNE DE NEVERS.

Dissertation sur la charte de Pierre de Courtenay (1194)	105
Lettres-patentes de Michel, archevêque de Sens (1194)	106
Charte de Guy et Mathilde (1231), avec la traduction française de 1566	114
Serment des quinze grands vassaux du comté de Nevers (juillet 1231)	127
Lettres-patentes de l'évêque d'Auxerre (juillet 1231)	128
Lettres-patentes de l'archevêque de Lyon (septembre 1231)	129
Confirmation de la charte constitutive par Charles, régent de France (1356)	130

	Pages.
Confirmation de François de Clèves, premier duc de Nivernais (1549).	131
Confirmation de Ludovic de Gonzague et d'Henriette de Clèves (1566).	133
Bulle du pape Innocent IV (1245).	135
Lettres-patentes de Louis XII (1512).	137
Serment des gouverneurs du duché.	140
Serment des évêques.	141
Serment des anciens baillis.	142

MONUMENTS, TITRES ET PIÈCES REMARQUABLES.

Origo et historia brevis Nivernensium Comitum, d'après un manuscrit du douzième siècle.	143
Carta fundationis seu dotationis Monasterii Sancti Stephani Nivernensis (1090).	147
Lettres-patentes de la consécration de l'église (1097).	153
Confirmatio Petri, Comitis Nivernensis (1184).	154
Regia confirmatio fundationis Monasterii Sancti Stephani (1186).	154
Conventio Petri Comitis et Burgensium de Vico Sancti Stephani (1194).	156
Philippus Augustus Ecclesiam Nivernensem liberat à regalibus (1208).	157
Bulle du pape Honoré, en faveur de Mathilde, relative à ses droits à la succession de Pierre de Courtenay (1224).	158
Contrat de mariage de Marie de Bourbon avec François de Clèves, premier duc de Nivernais (1560).	159
Lettres-patentes de Charles IX, pour contraindre le clergé de Nevers à vendre des reliquaires et argenterie pour 5,980 livres (1562).	166
Fondation perpétuelle de Ludovic de Gonzague et Henriette de Clèves, en faveur de soixante filles pauvres (1573-1588).	168
Réglement pour l'administration de la ville de Nevers (1655).	187
Contrat de vente du duché de Nivernais à Mazarin par Charles de Gonzague (1659).	198

www.ingramcontent.com/pod-product-compliance
Lightning Source LLC
Chambersburg PA
CBHW051917160426
43198CB00012B/1936